中职英语教学评价与信息技术

曹鹤鸣　戴晓燕　著

浙江工商大学出版社
ZHEJIANG GONGSHANG UNIVERSITY PRESS
·杭州·

图书在版编目（CIP）数据

中职英语教学评价与信息技术 / 曹鹤鸣 , 戴晓燕著 .
— 杭州 : 浙江工商大学出版社 , 2021.7
  ISBN 978-7-5178-4477-8

Ⅰ . ①中 … Ⅱ . ①曹 … ②戴 … Ⅲ . ①英语课—教学
研究—中等专业学校 Ⅳ . ① G633.412

中国版本图书馆 CIP 数据核字（2021）第 076434 号

中职英语教学评价与信息技术

ZHONGZHI YINGYU JIAOXUE PINGJIA YU XINXI JISHU

曹鹤鸣　戴晓燕　著

责任编辑	张莉娅
责任校对	鲁燕青
封面设计	叶泽雯
责任印制	包建辉
出版发行	浙江工商大学出版社
	（杭州市教工路 198 号　邮政编码 310012）
	（E-mail：zjgsupress@163.com）
	（网址：http：//www.zjgsupress.com）
	电话：0571-88904980，88831806（传真）
排　　版	杭州红羽文化创意有限公司
印　　刷	杭州宏雅印刷有限公司
开　　本	710mm×1000mm　　1/16
印　　张	10.75
字　　数	200 千
版 印 次	2021 年 7 月第 1 版　2021 年 7 月第 1 次印刷
书　　号	ISBN 978-7-5178-4477-8
定　　价	50.00 元

序

　　欧美国家发达的工业，离不开高素质的技工人才。职业教育在西方社会大都被视作教育体系的"中流砥柱"。美国的中职教育注重培养学生的独立思考能力和自主选择能力，根据学生的职业偏好及个性才能来设定职业规划；德国作为职业教育最发达和完善的国家，其"双元制"的教育体系为学生提供了多种选择，扩大了学生的知识视野，使其人尽其才、人尽其用，为德国企业培养了大批高技术人才；加拿大的中职教育具有转学分、转专业的自由，这一体系激发了学生的学习积极性与职业学习的灵活度；新西兰的中职教育采用开放、灵活的学习模式，没有学习内容和学习方式的限制，可随着学生的接受能力和时间进行调节，造就了新西兰独特的终生职业教育体系。

　　我国的中职教育，其学制源自苏联，以行业办学为主，3年制"短平快"的制度，满足了20世纪80年代初我国人才急缺的时代需求，培养了大批拥有专业技能的人才。而随着高等教育的兴起及普及，我国传统中职教育的很多弊端逐渐凸显。目前我国的中职教育，更多是一种被动选择，生源质量不高，社会对中职人才的偏见明显，这使得中职教育的发展受到阻碍。同时，我国的中职教育体系不够完善，选择单一、教育模式单一、学制单一，无法随意换专业，导致最终人才培养的社会效应降低，与国际中职教育体系相比，还存在较大差距。

　　而随着我国经济、科技、社会高速发展，进入了知识经济时代，社会的产业结构也正在经历变革升级，社会对中职人才的需求也逐步跃升，对提高劳动者素质和初中级人才的培养数量、质量提出了迫切要求。2019年的《政府工作报告》提出，要"加快培养国家发展急需的各类技术技能人

1

才，让更多青年凭借一技之长实现人生价值，让三百六十行人才荟萃、繁星璀璨"。相关政策还鼓励更多应届高中毕业生和退役军人、下岗职工、农民工等报考。这些都反映了国家对中职教育的重视。

英语在中职教育中的教学现状，与其在当今社会日趋重要的作用形成了鲜明对比。由于中职教育的职业化导向，本应该作为教学中主要科目的英语，出现逐渐被边缘化的尴尬局面。中职英语教育所面对的学生，一方面是处于青春期、叛逆期和身心不稳定的阶段，另一方面其本身的英语基础差，导致中职英语教学面临的挑战，比普通高中教育、高等教育的英语教学更复杂。但同时，这个时代所带来的"危"与"机"并存。随着全球化以及我国"一带一路"倡议的提出，我国各个职业的国际化交流与拓展的机遇也日趋增多，具备高英语素养的职业人才，才能在自身的职业发展中走得更远。同时，作为"互联网原住民"一代，学生对于信息技术所具有的天生的敏感度，也为信息技术辅助的英语教学提供了肥沃的发展土壤。

本书作者认清当前现状，先剖析了当前中职教育英语教学现状中的问题，包括学生缺乏英语学习积极性、教师教学模式单一、中职学校缺乏完善的考核制度、教材单一、训练严重不足、英语教学设备投入严重不足、教学评价亟待改革、英语教学与实际运用脱节、资金管理制度不完善等，然后逐一提出了加强中职教育英语教学的对策，认为应该以市场为导向，以学生为中心，改变传统的教学观念和教学方法，积极推进英语校本课程的改革，提高英语教师教研能力，重视英语教学的趣味性、实用性，培养出适应社会需要的综合素质高、技术能力硬的中职生。

本书着重从教学评价与信息化辅助教学两个维度，论述了中职教育英语教学的一些革新理念与实践。中职学生学习英语的目标与动力，并非完全通过英语评测考试，更多地来源于对自身职业发展的裨益，因而中职教育英语教学的评价理念，就需要与传统英语教学有所差别。中职英语课程培养学生的，不仅是基本的听、说、读、写技能，更是生活和职业场景中的语言应用能力。因而，中职英语课程需要关注社会需求、市场导向，而不是教育的基本目标。中职英语的教学评价，要坚持形成性评价和终结性评价相结合，定量评价与定性评价相结合，教师评价与学生自评、互评相结合。形成性评价可采用作业、测验、课内外活动等形式。终结性评价可采用听力测试、口试和笔试等形式，也可采用真实性任务。中职英语的评价标准应该是多元的，应该是学科、学生和社会的结合，且应该与学校和学生的实际相结合。

同时，本书作者也深谙学生的学情个性，从信息技术融入中职英语教学的角度展开了深入研究。中职生虽然英语基础薄弱，但是开放性思维、创造性思维、动手能力较强，可塑性较好，对于信息技术的依赖也可以被转变成英语教学的一个创新路径。因而，作者从信息化教学的概论出发，结合新课标，探讨中职英语信息化教学的设计策略。本书还从信息化教学评价的角度，探讨了中职英语信息化教学评价体系的设计及实施，由面及点、由浅及里地进行论述，逻辑清晰，思路有序，论证有力。

在当前中职教育的教学变革又回归社会视野的背景下，本书作者由教学一线的实践锻炼出多年的教学经验，并将其升华为全面有条理的理论总结，与诸位读者共享，这对于当前中职英语教学的研究来说，是一笔不可多得的财富。这对于一线的中职英语教师具有教学指导价值，同时对于职业教育、英语教学的研究者来说也非常有研究价值。以前社会对于中职人才的偏见，也同样附带了对中职教师的偏见，认为中职教学工作者缺乏教研思维与能力。而本书，恰好可以让我们看见，中职教育不仅是在众多中职教育工作者的辛劳教学中得以推进，更是在诸位具有教学反思与学习能力的中职教师的教学研究中向前迈进。也希望这本书，可以给更多职业教育工作者带来正向的反馈与鼓励！

李丹弟教授

浙江工商大学

目录

第一章

———

绪论

第一节

中职英语教学现状

一、中等职业学校的英语教学现状

中等职业教育是我国教育的一个重要组成部分，也是衡量我国现代化发展的一项重要指标，对我国技术人才的培养有着重要的意义。当前我国城镇化进程不断加快，这为中等职业教育的发展提供了较好的外部环境。

近年来，各级政府都逐渐意识到中等教育发展的重要意义，出台了一系列的扶持政策来促进中等职业教育的发展。但从总体上来看，当前我国的中等职业教育发展规模尚不能满足产业结构调整背景下技术型人才的发展需求，还存在着学生学习积极性不高、招生规模小、社会认可度不高、师资力量不足等现实问题，具体表现如下。

（一）学生缺乏英语学习主动性

中等职业学校的生源一般是文化基础课成绩不太好的初中毕业生，导致学生的学习能力参差不齐，学习的积极性差，厌学现象普遍存在，缺乏耐心及克服困难的勇气，这些因素给英语教学带来了很大的难度。另外，由于学习能力较差，学生大部分是出于就业或其他目的而选择就读职校，力图在校获取或掌握某一职业技术，因而对英语这类文化课程的学习缺乏足够的认识，认为学习英语并没有什么用处，因而在英语课堂上极其缺乏活力。

（二）教师教学模式单调

中等职业教育有其复杂性和特殊性，但很多中职学校的英语教师缺乏足够的认识，致使教学模式单一，未能提供适合中职学生特点的教学手段和方法来满足学生的实际需要。中职英语教学仍以应试为主，以语言知识的讲解为主要手段，严重忽视了对于学生听、说等语言运用能力的培养。这将会导致大部分学生在课堂上只是被动地接受教师讲解的知识，缺乏主动参与英语学习的积极性，也缺乏进行实际锻炼的机会，更不会养成自主学习的习惯。不少中职学院英语教学模式基本上是传统的教学，很多学生口语表达能力差，专业词汇的掌握量很小，根本满足不了社会对专业人才综合素养的需求。单一投入的教学过程中缺乏情感的交流和互动，易导致师生关系紧张。

（三）缺乏完善的考核制度

当前多数中职院校对所安排的课程，缺乏系统的考核制度，考核缺乏全面性，过重偏向技能操作考核。学生没有考核评价压力，老师授课也就缺乏应有的抓手和动力。中职学校以应用的专业知识为核心，而对文化知识缺乏足够的重视，英语更成了边缘学科。目前，部分地区对中职教育缺乏足够的认识，致使部分中职院校招生压力较大。为了稳定学生，吸引学生来校就读，因生源质量不高致使学校减少或减轻学生的学习任务，以缓解学生的学习压力和抵触情绪，所以很多考核就流于形式，因此更加导致学校生态的恶性循环。

（四）教材重普适性，缺乏专业性

大多数中职学校使用单一课本进行教学，教材过于单一，涉及专业英语课程少之又少。无论是商贸、护理、会计还是幼师等专业，都使用单一的中职英语基础教材，在高年级段未开设专业英语课程。在培养学生具备一定的听、说、读、写方面的英语基础知识的同时，未能兼顾学生专业技术方面的需要和培养学生运用所学英语处理专业问题的能力。这将导致很多学生感觉教材没有实用性，自己的英语运用能力没有提高，看不懂英文说明书，更无法用英语与外国人进行简单的交流，与市场需求严重脱节，由此导致学生厌学、弃学的现象普遍发生。在长期的教学过程中，中职学校压缩英语课的比例，学生缺少必要的练习，甚至有的学校给学生布置练习过于机械，缺少应用型的作业任务，这就导致教学任务难以得到很好的落实和贯彻，更不用说提升英语教学的整体质量了。

（五）学校英语教学设备缺失

学习英语需要掌握必要的听、说、读、写能力，教学设备和投入必不可少。新时代改革开放更加深入，国际交流日益频繁，在走向社会之后，面对静态了解的国外产品需求和动态的与国际友人的交往，中职学生不仅需要能够读懂所需产品的英语能力，更需要能够在人际交往或商务谈判中熟练地运用英语与人交谈的能力。这就需要教师在实际教学过程中使用必要的教学辅助工具，比如口语实训平台、视听室等，而在目前的大多数职业学校中，对专业教学设施设备投入多，对文化课教学的投入严重不足。

（六）教学评价亟须改革

教学评价的根本目的在于全面考查学生的学习状况，激励学生的学习热情，激发学生的内在潜能。培养学生掌握一技之长是职业学校的教育特点，因而中职学校在学生技能的培养方面，已建立了比较成熟的评价机制，各种等级证书考核及高职考试的导向明确了各专业课知识评价的方向和方式。然而职业学校忽视了对文化课程的评价，特别是英语教学的听、说、读、写缺少强有力的外部评价机制，校内评价也只是一张试卷"定乾坤"。对教师的教学过程、教学质量、教学效果等方面的监控与评价缺乏系统科学的机制，多数学校英语教师既做运动员也做裁判员，比如上课、命题、阅卷等工作均由任课教师完成，考教未分离，致使教师教学无压力，教学常规落实不到位，教学质量难以保证；学生的学习过程、学习效果等方面的监控与评价的随意性致使学生缺乏学习的动力。因此英语教学考核评价导向对师生缺乏激励作用。

（七）英语教学与专业教学脱节

不少职业学校的英语教材是按照传统的学科体系编排的，重点体现了对英语词汇、语法等语言知识点的要求，而没有体现出中职学校的专业特色。英语教材和学生的能力不相匹配，重课程、重课文、重语法的英语教学与重实际、重运用的职校英语产生了严重脱节，学生在专业技能的运用过程中，很少或无法利用英语提供助力。使用这些与学生实际能力相脱节的英语教材教学，必将严重影响职业学校英语教学的质量，降低学生的职业能力。

（八）资金管理与监管制度不完善

近年来，为适应经济社会的发展，国家大力发展职业教育，培养技术技能型人才，对职业教育的投入力度和政策扶持力度越来越大，打造了一批国家级示范校。对中职学校建设的资金投入，国家政策也有很大的倾斜，特别是人才引进、教学设备采购等。但有的职业学校没有很好地落实相关政策，对资金管理和监管不到位。

二、加强中等职业学校英语教学的对策

（一）适应时代要求，更新教育观念

新的教育发展理念诠释的价值观就是让每一个人都有接受好教育的机会，让每一个人都可以成为新时代里改革福利的共享者。学校教育应该崇尚以人为本。加强对英语基础学科价值理念的认识是英语课教学转变的重要环节，不仅关系到学生能否成长为技术技能型人才，还关系到学生能否成为一专多能的复合型人才，因此中职学校要提高对英语基础课教学重要性的认识，积极将英语基础课的教学安排纳入人才培养方案和整体结构中，强化和拓展专业英语教学，使英语教学真正体现出其在职业教育中的

学科价值。

目前中职学校一般都开设了很多对英语要求较高的专业，如旅游专业、国际贸易专业等。如果这些专业的学生在校期间没有明确的英语学习目标，没有扎实的英语基础，那么他们踏入社会后就很难适应工作岗位对英语能力水平的不同需求。英语学习是吸收外来文化，进行思想交流和信息传递的重要渠道，是必须要掌握的一门技能，担负着为社会输送具备一定英语水平的专业人才的重大历史使命。所以只有提高对英语学科价值理念的认识，转变人才观和教育观，加强对师资队伍的培养和英语教学设施设备的改进，才能适应职业教育的特点，适应职业中职英语教学的需要，树立学生学好英语的自信心。

（二）因材施教，实行分层次教学

近年来，由于高校扩招，职业教育的大众化和普及化，中职学校的生源质量普遍下滑，学生基础参差不齐，学习习惯、学习方法、吃苦精神存在较大差异。无论是采用"高要求、低起点"还是"抓中间带两头"的教学模式，都会造成受益学生面窄、忽视了大部分同学的发展的局面。在这种情况下，对学生实行分层教学不失为一种务实有效的方法。要根据学生的个体差异，做出具体而合适的方案，制订科学的英语学习方法，使中职英语教学有所侧重且有的放矢，从而最终提高中职英语教学水平，促进中职英语课堂教学氛围的和谐发展。

在教学过程中根据不同层次学生制订不同的教学目标。如：

（1）优质生。优质生有良好的学习态度、自觉的学习精神，但这部分学生人数很少。在课堂教学时教师赋予这部分学生更多的主动权，将课堂上难度大的问题交由他们来回答，让他们担任互助学习小组组长，要求优质生极好地掌握听、说、读、写、练等基本技能及科学的学习方法，给其他同学树立榜样，从而调动其他同学的学习积极性。

（2）中等生。中等生有一定的英语基础，在学习上缺乏主动性和上进心，但发展潜力较大。在教学中教师应把较容易的学习内容交由这类学生处理，同时，选择性地提出一些较容易且能够独立解决的问题，让他们在和谐、宽松的课堂气氛中找到更多的自信心和成就感。同时，鼓励他们向优质生看齐，多向优质生请教，在互助中成长，力争在英语学习上拉进与优质生的距离。

（3）薄弱生。英语学科是中职生普遍基础差的学科，且各专业的英语基础不平衡，女生多的班级相对较好些。在课堂教学中教师应对基础薄弱的学生布置相对简单的任务，充分调动他们的学习积极性和主动性，让他们多做多练，多一些肯定和鼓励，让他们体验到成功的快乐，学生也会逐步积极主动地参与到教学中来，同时采取帮护制，由优质生与薄弱生结成帮扶对子，帮助薄弱生提高英语学习的兴趣和动力。

另外，针对不同层次的学生，作业也需分层布置，避免"一刀切"，而应根据学生的实际情况分层次设计和布置，让每一位学生都学有所获，都能通过针对性强的练习巩固课堂中所学的知识。对于优质生而言，作业应该是难度大一点，题量多一些，完成质量高一点。对于中等生而言，作业布置应该难度小一点，题量适中，尽量完成。对于薄弱生而言，可布置简单的题，他们可以挑选相对简单题目来完成。在分层次教学和作业布置中，各层次内学生的知识程度相对接近，这将有利于学生的个性发展，能使每个学生都学有所长、学有所得，有利于营造良好的课堂教学氛围，提升学生的学习积极性和主动性，也有利于提高整体教学质量。

（三）优化课堂教学，提高教师教研能力

强化课堂教学改革，提升课堂教学质量。职业学校应在教研教改上加大力度，切实开展好广大英语教师的教研教改活动，不能将教研教改只停留在口头上，而应把教研教改活动付诸实际英语教学活动中。每学年需设计好一些教研课题，分组研究，定时研讨，任务明确，分工合作，最后形成教研成果，并将它推广应用，做到取长补短。另外，职业学校也应高度重视英语教师的培训工作，优化教师结构，分层培养，多提供英语教师外出培训的机会，积极邀请相关专家举办英语教学讲座，提高职业学校英语

教师的教研能力。

（四）加大投入，增添现代教学设备

首先，学校要根据自己的具体情况，加大投入，采购必要的现代化教学设备，利用现代信息技术，有效调动学生的口、耳、手、脑感知功能。教师要认真学习、提高自我，熟练掌握现代传媒系统的基本操作方法，具备电子备课、多媒体设计、课件制作并进行实际教学的能力，充分利用现代化手段强化训练，提高学生听、说、读、写、练的综合能力。其次，教师要从教学管理方面着手，有针对性地抓好电子教学课的研究工作，不断总结完善，用新成果装备教学，提高课堂教学效益。

（五）灵活教学，激发学生学习兴趣

俗话说，兴趣是最好的老师。采用灵活多样的教学模式是激发学生学习兴趣，提高其学习积极性和"抬头率"的有效手段。英语教师要在科学设计教学过程和优化训练上狠下功夫，为提高学生素质服务；要积极开展多种形式的教学活动，努力营造英语学习的良好环境。例如：利用录音机或其他设备，定时播放英语听力材料，创设感受空间；举办形式多样、内容丰富的课外活动，如英语歌曲比赛、英语诗歌朗诵比赛、英语演讲比赛、英语辩论赛、英语手抄报比赛等；还可以定期举办英语角活动，激发学生学习英语的兴趣。

（六）改革机制，实施多元化测评

建立有效的教学评价机制，对提高教学质量和教师教学水平有积极作用。职业学校应围绕学生从事职业所需的英语知识和应用能力，建立以提高学生应用能力为目的的教学评价制度。评价应关注学生英语语言能力的发展过程和学习效果，采用多元化测评，如采取形成性评价与终结性评价相结合的方式，既注重评价结果，又注重评价过程，以激发学生学习的积极性，培养自信心。

具体而言，在测试的内容和方法上，要做到语言能力和交际能力并重；要探索借鉴多种试题类型，除听力题和写作题之外，还可以安排一些口语试题，从而可以更全面地评估学生的英语综合能力。同时，在教学实践中要探索研究，不断完善英语教学的评价方法。

（七）转变思想，更新教学观念

牢固树立"专业知识和基础教育并重，学习知识是基础，培养能力是关键，提高学生综合素质是目的"的思想，认清学生是教学活动中的主体，真正做到以学生为中心，让学生在课堂上真正参与到教学中，提倡"大嘴巴"英语，努力使学生由语言的学习者转变为语言的实践者，使英语教学的重点由语言能力向语用能力转变，把传统的基础英语教学引向市场化的专业英语教学，将学以致用的效果最大化，最终实现英语教学为市场就业服务的目的。

职业学校的英语教育任重而道远，但只要我们认清当前现状，以市场为导向，以学生为中心，改变传统的教学观念和教学方法，积极推进英语校本课程的改革，提高英语教师教研能力，重视英语教学的趣味性、实用性，那么培养出适应社会需要的综合素质高、技术能力硬的职校生将不再是困扰职业英语教育发展的难题。

第二节

中职英语教学研究综述

一、引言

2017年4月9日，《2017年中国互联网学习白皮书》（以下简称"《白皮书》"）正式发布，由教育部教育管理信息中心、数字学习与教育公共服务教育部工程研究中心、百度教育共同编著。针对2017年互联网学习，《白皮书》公布了现状的调研数据，并公布了互联网教育的未来趋势。

《白皮书》认为，学习方式的改革推动新一轮的教育融合创新，通过互联网手段实现教育创新，已成基本趋势。其中尤以教育信息化体系重构的发展最为迫切，见图1-1。职业教育阶段师生对互联网学习的方式表示认可，移动学习成为该领域创新的培养模式，将带动职业院校的互联网学习向更高层次发展。

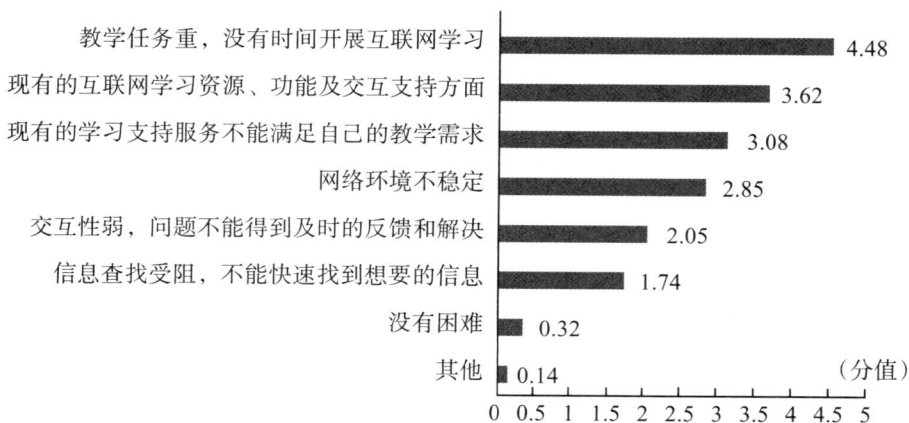

图1-1　教师开展信息化教学遇到的阻碍类型排序图（满分为8）

《白皮书》显示，职业教育的关键词分别是：职业教育信息化发展指导意见，第三批"职业院校数字校园建设实验校"，全国职业院校信息化教学大赛。可见，中职英语教学的信息化必将是今后职业教育改革的重中之重。

本书旨在以文献综述的方式对近十年中职英语教学研究进行较为全面的回顾和梳理，为今后中职英语教学研究提供依据和参考。

本研究的数据来自"中国知网期刊全文数据库"，范围是2008年1月至2017年12月10年间发表的文章，以"中职英语教学"为关键词进行搜索，共获得与中职英语教学相关的期刊文章1572篇，剔除重复的文章后，共1281篇，其中核心期刊文章30篇。（见图1-2）

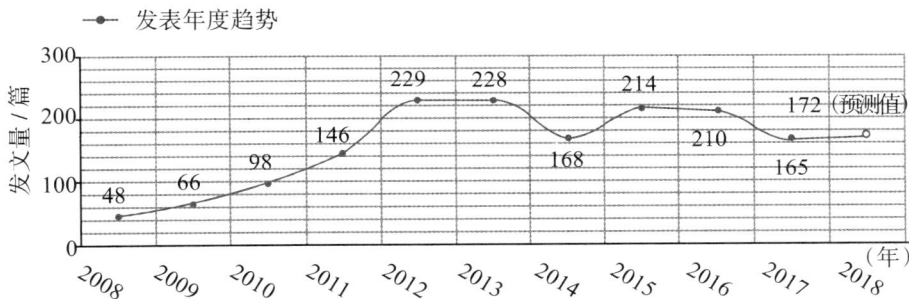

图1-2　2008年1月至2017年12月各年份的发文量

二、主题分析

（一）专业建设

（1）中职英语专业中高职课程体系衔接研究。吴学彪等分析了中高职在培养目标、专业名称、课程设置、课程标准、教材等方面存在的衔接问题，建议加强中高职院校英语专业教学部门的联系与合作，改进专业设置与招生、培养目标与课程、教学过程与教学评价的衔接。中高职衔接对中职英语教学提出了新要求，中职英语教学改革应当注重词汇与语法教学，夯实基础，加大重难点知识巩固与练习，注重英语语言综合能力培养，加强职业岗位英语应用能力培养。

（2）中职英语专业教学改革研究。随着国家对学前教育重视程度的不断提高，社会对中职学前教育毕业生的需求越来越大。英语课已经成为职业教育课程中必修的一门课程，中职学前教育学生的英语职业能力显得更加重要。高丹夏分析了中职学生英语职业能力培养的必要性，探讨了中职学前教育学生的英语职业能力培养策略。陈肖璐以宁波经贸学校为例，介绍了如何以"就业为导向"的教学理念，从英语教学目标的设定、教学内容的安排、教学形式的创新和英语成绩的考核等维度进行改革创新实践。

（二）课程与教材建设

这一主题包括研究《中等职业学校英语教学课程标准》中规定的基础模块、职业模块、拓展模块的课程建设和改革的论文，以及中职英语课程教材建设研究论文。

卢雪霞认为，建立实践性英语课程，不仅要依据中职院校的英语教学特点，运用多元化的课堂教学方法来激发学生学习英语的积极性，还要依据现代职业英语的教育要求对英语课堂教学模式进行改变，充分提升课堂教学效率，满足学生英语学习的需要。林晶结合自身多年中职英语教学经验，以《中职英语基础模块》（第一册）作为案例进行分析，重点对基础模块的教学方法和教学实施的内容进行了阐述。王龙凤以南京新港中等专业学校一、二年级学生的关于跨文化交际能力的问卷调查材料为佐证，浅析了中职学生在跨文化交际能力方面存在的障碍，尝试提出了中职英语教学中培养学生跨文化交际能力的基本对策，以提升学生的跨文化交际能力和人文素养。

这些研究展现了职业教育英语课程建设以学生为本，基于中职学生的英语基础和认知发展规律，联系学生的生活和将来工作，突出实用性和实践性的教学内容，并且开发出了符合中职学生英语水平实际的教材。

（三）教学模式改革

1. 整体的教学方法和教学模式研究

整体的教学方法和教学模式研究主要包括教学理念和方法、学生个体差异、情感和兴趣、学生学习方式、信息化手段应用等。

（1）教学理念和方法研究主要包括教育教学理论的应用、教学模式和教学方法三个方面。图式理论、多元智能理论的应用研究居多，主张针对中职学校英语教学的困难，根据中职学生的不同智能类型和需要，转变学习观和教学观，激发学习动机和兴趣，因材施教。

（2）学生个体差异研究以分层教学的实践研究为主。从学生分层、目标分层、教学方法分层、评价分层以及分层教学取得的成效五个方面进行总结和梳理。对于学生个体差异的理解主要局限在英语语言知识和能力的水平差异，很多学者研究了中职学生这一群体学习者特有的智力类型差异、多元智能、认知风格。

（3）情感和兴趣是影响中职学生学习的主要内因，近年来引起了较多的关注。激发中职学生英语学习的兴趣、树立其自信心是提高中职英语教学有效性的突破口。赵娜利用《中职学生英语学习中情感因素运用情况的问卷调查》和《中职英语教师在教学中运用情感因素的问卷调查》对300名中职学生和35名中职教师进行测试，采用 t 检验、相关分析和回归分析等方法考查当前中职英语教学中情感因素与学生学业成绩的关系，分析了中职英语教师在实际教学中运用情感策略的现状。

（4）学生学习方式的研究聚焦于合作学习和自主学习。合作学习研究针对中职大班教学的实际情况和中职课堂教学缺乏趣味性、教学形式单一的问题，进行了合作学习的组织策略、形式等方面的研究。大部分研究将合作学习简单理解为分组学习，局限于根据学生英语水平的差异分配不同难度的任务，而"合作"的必要性和意义鲜有体现。

关于自主学习的研究主要围绕如何激发学生的学习动机、兴趣，以及培养学习能力，比如对中职学生自主学习能力养成的教学模式和学习模式的研究。

（5）利用信息化手段促进英语教学的研究。杨翠红首先阐述了多媒体在中职英语教学中应用的必要性及意义，然后提出了多媒体在中职英语教学中应用的策略，即利用多媒体激发学生的英语学习兴趣，利用多媒体进行英语听力、口语学习，利用多媒体进行个性化教学，利用多媒体扩展学生学习的维度，以及规避多媒体教学的弊端。

这些研究显示，在中职英语教学中利用信息化手段的主要作用是创设语言学习环境，激发兴趣，目的是帮助学生了解中西方文化差异，培养其正确的情感、态度和价值观等。虽然利用信息化手段改革中职课堂教学的要求已经提出多年，并且随着科技突飞猛进，信息化手段出现了许多新的形式，但在近10年的研究中，仅限于影视资源的应用、互联网搜索、教学课件（PPT）等形式，而利用目前大众化的、便利的交流手段和技术促进英语教学的研究还十分缺乏。

2. 教学内容的方法与模式研究

该类研究首先提出了中职学生听、说、读、写技能和语言知识基础薄弱的主要共同原因：有相当一部分中职学生缺乏学习兴趣，没有养成良好的学习习惯，学习方法不当，缺乏自信心；教师的教学观念落后，教学方法和手段单一；缺乏英语语言实践的环境。

在这一类研究当中，词汇语法教学的研究数量最多，显示出中职学生语言知识基础薄弱问题受到较多的关注。利用技术型工具如App辅助英语词汇教学，关注词汇的音、义、用学习以及构词法和记忆策略，强调在真实情境中学习词汇。语法教学主要研究了如何在新形势下实施中职英语语法教学的有效途径。还有学者是从当前中职英语教学的现状出发，简单分析中职英语任务型教学容易出现的问题，对任务型教学在中职英语语法教学中的运用进行了探讨。

研究口语技能的教学现状及对策，指出了中职英语教学中存在的教师重视程度不够、教学资源缺乏、学生学习自主性不够等问题，建议教师树立先进的教学观念，通过各种渠道挖掘可用的教学资源，激发学生的学习兴趣，从而提高中职英语口语教学水平。

关于阅读教学的研究，主要围绕阅读教学的方法。中职英语教师要改变传统方法，摒弃传统教学的不足，从"智""趣"入手，进行阅读教学的探索，引导学生主动阅读，乐于阅读，实现中职英语教学立足语言智慧、调动阅读思维的宗旨。

关于听力技能的教学方法和模式研究提出了提高听力的若干对策或途径：一是从内容和手段方面提高学生的学习兴趣，选取多样性、层次性的听力材料，采用信息化教学手段创设语言环境，在中职学校建立网络化的英语听力训练教学；二是通过运用听、说、读、写结合的策略，促进中职生英语听力理解能力的进一步提高；三是采取灵活多样的教学组织形式和教学方法，比如在中职英语听力课堂上可以实施随堂小测试。

在关于写作教学的研究方面，有学者通过合作写作及合作批改两种方式具体阐述了合作学习在中职英语写作中的应用，着重分析了中职英语写作教学的现状及形成的原因，提出了教师转变教学理念、改进教学内容与方式两种途径。

（四）考核与评价改革

中职英语教学评价打破传统的终极性评价，激发了学生的学习积极性。有学者针对当前中职英语课堂教学评价存在的评价标准片面化、评价主体单一化等问题，探讨了档案袋评价在中职英语课堂教学中的应用。还有学者论述了形成性评价在中职英语听力教学、口语教学、阅读教学、写作教学等环节的具体应用。

学界从广义层面的进步和狭义层面的不足两方面分析了中职英语课堂教学中教师评价用语的现状，并提出教师有效使用评价用语的对策，即：课堂评价语准确合理、生动多样；重视师生情感交流，擅于使用激励、表扬课堂评价语；灵活巧妙应用评价语，启发学生积极思考；评价用语应重视平等对待；评价用语应强调小组评价。

总体而言，评价类的研究主要集中在2007年以前，近年来缺乏对中职英语教学评价的探索，而且研究中介绍"做法"为多，缺乏对适应社会和中职学生需求的评价内容和方法的深入研究。

（五）教师专业发展

教师专业发展研究的角度主要是中职英语教师专业结构的特点、专业发展状况和教师培训现状。中职英语教师专业培训必须改变传统的自上而下的培训理念，以及培训与教学实践相分离的格局，积极探索以激发教师专业发展自主意识为主旨的中职英语教师培训策略。还有学者从中职英语教学的价值和作用入手，针对职业教育对英语教学的需求，分析了中职英语老师水平发展提升的趋势和方向为专业化、职业化、技能化。

另外，学界还基于职业英语教师信息化微课设计大赛的平台，思考探索中职英语教学与微课教学手段有效结合的途径，从而创新教学理念、更新教学方法、促进教学改革，进而培养高素质人才。

三、问题与思考

（一）研究者缺乏对我国语言教育和职业教育宏观政策的理解和把握

近10年的研究对中职英语教学的目标不明确，对中职英语学习困难的分析和所采取的对策和方法等，并无显著的职业教育特色。中职英语教学研究必须放置于我国各项宏观教育政策的大背景中考虑，因此，研究者须有一定的政策敏感度，以开阔的视野将中职英语教学研究的工作与不同时期职业教育发展的方向、动向紧密结合起来，使英语课程与教学真正发挥促进人才培养的作用。

（二）对中职学生英语学习的特点缺乏研究

现有研究鲜有对中职学生英语学习正面因素的研究。中职学生是一个特殊的群体，学生间的学习差异相对于普通教育学生而言更为显著——基础差，学习动力不足，学习方法较差，缺乏自信心，这给英语教学工作带来了困难。但另一方面，中职学生在英语学习方面也存在特点或优势，特别是与专业相关的学习内容，较容易引起他们的学习兴趣，这一方面的研究却较少涉及。

（三）研究内容失衡

关于整体的教学模式和方法的研究多，教学内容的方法与模式的研究少。这说明学界受到职业教育研究发展大方向的影响，重视各种教学理念和理论，特别是职业教育课程、教学理论在中职英语教学中的应用。但是，将职业教育教学理论与中职英语教学紧密结合起来，从而推动中职英语教学发展的效果并未体现出来。研究内容数量的差异，如课程与教材研究、评价研究的缺失，直接影响到中职英语教学的有效性。

（四）研究方法单一，缺乏实证研究

定性和定量研究都不完善，定性研究占多数，且多为总结性的思辨文章，缺乏开展多方验证、定性与定量相结合的研究。

从整体上看，近10年广大中职英语教师和研究者对于中职英语教学给予了充分的重视，达成了对中职英语教学困难的共同认识，并对突破瓶颈、提高教学水平进行了思考与实践。今后的研究，建议在中观层面加强职业教育理论与英语教学研究的紧密结合，充分认识和研究中职学生的学习特点，形成与学生的日常生活和职业场景结合的职业教育英语教学特色。在微观层面，深入研究教学内容的教学模式与方法，提高研究水平，加强实证研究方法、研究工具、数据处理等技术的学习，丰富研究手段。

第二章

———

中职英语教学评价

第一节

中职英语教学评价的内容与方式

一、英语课堂教学评价的定义

美国著名教育心理学家鲁卢姆认为："评价是一种获取和处理用以确定学生水平和教学有效性的证据的方法。科学和有效的评价，是激发初学英语学生的学习兴趣，提高学生运用语言的能力，促进培养学生交际习惯的重要途径。"评价由评价标准、评价方式、评价主体和评价结果应用四部分组成。

评价标准指学习者自身的发展以及社会发展等在学生语言学习中所表现出的具体要求，表现为对教师应教和学生应学内容的详细描述，表现为课程教学应该达到的目标、学生学习应该达成的目标，表现为课程目标、教学目标和学习目标。评价标准有内容标准、表现标准和终身学习标准之分。内容标准规定教什么、学什么，表现标准表示学生完成学习目标的程度，终身学习标准指适用于现实生活的跨学科知识与技能。在语言学习中，内容标准指学生应该掌握的基本语言知识和技能，表现标准指学生运用知识和技能完成真实任务的能力，而终身学习标准主要指学生的合作能力、创新思维能力、研究能力、情感策略能力和文化能力等。

评价方式，也称评价工具，指评价中提取价值判断所需数据的方式。例如：期中、期末考试可以为评价学期课程目标是否达成提供数据；高职入学考试可以为人才选拔提供数据；单元评价不仅可以帮助教师诊断单元目标达成情况，也可以为教师调整教学设计、提高教学效率提供参考；课堂观察、学生的学习日志等可以为教师诊断学生的学习并给出有针对性的学习指导建议提供信息支撑。所有这些服务于不同的评价目的，为价值判断提供所需要的基本数据，都是评价工具。

评价主体指评价由谁实施。传统的学习评价多为教师对学生的评价，教师是评价的主体，学生处于客体地位。随着评价的发展，学习者自评、互评开始越来越多地被采用，学生也开始从评价客体逐步转变为评价主体。而中职英语的课程性质要求评价主体多元化，于是家长和社会企事业用人单位也开始加入评价行列，成为评价主体之一。

评价结果指以改善教学、促进学习、促进教师发展为目标，通过分析教师教学行为等资料对教师教学所做的价值判断。而英语课堂教学评价指对英语课堂教学效果以及构成课堂教学过程各要素的分析和评价。

二、英语课堂教学评价的意义

课堂教学是英语教学的主阵地，将评价纳入课堂教学，使它成为教师调控课堂的重要工具，通过评价发现课堂教学的有效方式及不足之处，对提高英语课堂教学水平有着推动性的作用。一方面英语教学内容的更新、教学方法的改变、教学手段的多元化促进评价理论、评价手段、评价方法和内容的变化；另一方面，评价改革又为教学提供了良好的导向作用，作为完整教学不可分割的一个组成部分，对促进课堂教学质量、推动教师发展有着不可替代的作用，有助于推进英语教学的改革。

对学生的评价是教学评价的重点。评价的内容、标准、方式、手段和改进措施等都对教学活动有巨大的导向作用。得当的评价可以对学生的学业进步和人格形成产生积极的促进作用。

三、英语课堂教学评价的内容

英语课堂教学评价是与英语课堂教学有关的测量与评价的总称，它是指为促进学生学习、改善教师教学而实施的，对学生的学习过程与结果、教师的教学所进行的测量和评价。在提倡多元化评价的背景下，英语课堂教学评价包括对老师课堂教学的评价和对学生课堂学习的评价。评价内容既要关注教学目标、计划、实施和效果，同时要关注输入因素。

（1）对教师的英语课堂教学评价的内容通常包括：教师的基本素质、英语教案的总体设计、课堂管理、教学资源的利用、课堂评估。教育部《中等职业学校英语课程标准（2020 年版）》（以下简称"《课程标准》"）对教师的课堂评价也提出了新的标准，具体可以表现在教学资源、课堂教学设计、课堂氛围和教师课堂教学行为状态等方面。

（2）对学生的评价内容既要关注知识和技能的掌握，更要关注学生的情感、态度、个性和价值观的提升。课堂评价标准对学生也提出了新的要求，如学生的状态需要包含参与状态、交往状态、思维状态、情绪状态和生成状态五个维度。

职业学生的学习差异性显著，关注学生的个别差异，不仅需要分层教学，也需要分层评价。美国教育评价专家斯塔弗尔比姆认为："评价最重要的意图不是证明（Prove），而是改进（Improve）。"因此，对学生的评价标准必须是动态的，不可采用统一的标准，同时注重纵向比较，只要是比原来做得好，学生就该得到表扬，并利用各种手段和方法来鼓励他们，刺激他们的学习兴趣。

四、英语课堂教学评价的方式和手段

中等职业教育英语课程要建立促进学生全面发展的多元评价体系。课堂教学评价还应重视评价主体的多元化，积极把行业、企业纳入评价主体。评价的多元化表现在施评者的多元、评价方式的多元和分析方式的多元。

（一）施评者的多元

在课堂教学评价中，教师既是评价的客体，又是评价的主体，课堂教学评价既要有专家评价、领导评价、生师评价（学生对老师）和生生评价（学生对学生），更要有教师的自我评价。

（二）评价方式的多元

根据加德纳的多元智能理论，学生在学习方面有所欠缺并不能全面、准确地被衡量。因此，英语课堂教学评价应采用形成性评价和终结性评价相结合的方式，帮助学生在英语学习过程中形成积极的情感态度，及时调整学习策略和方法。课堂教学评价的过程性表现在评价不只是对教学效果的评价，更是对过程的评价；评价不只发生在教学结束后，更是发生在教学设计和教学实施的整个过程之中；评价不只关注结果，更关注教学中师生的行为表现；评价不是一次性行为，而是连续性行为，贯穿于教学的始终。

（三）分析方式的多元

一般课堂教学评价的分析方式是以量表的形式进行的，可以增加其他的方式，如访谈、问卷调查、课堂测试、提问和讨论等。这样使得评价结果既有定量分析也有定性分析。不同的分析方式，可以产生不同的教学评价的结果。根据不同的结果，能够制订更符合英语课堂教学的教学模式。

第二节

中职英语教学评价体系的构建

一、传统英语教学评价存在的问题

（一）评价导向偏差

传统英语教学评价往往以检查、排名和奖惩为主要目的，评价的片面性容易鼓励了一方而打击了另一方，未能正确评估每一个学生的发展潜力，无法体现评价对学生的导向和激励作用。

（二）评价主体单一

传统教学评价的主体是教师，作为被评价者的学生被完全排斥在评价活动以外，导致学生缺乏对自己学习过程和学习结果的自我反省，只能被动地接受来自教师的评价，学生的主观能动性受挫，得不到有效的发挥。

（三）评价内容片面

传统英语教学评价只注重考查学生对知识、技能的掌握情况和学生测试的结果，忽视了对学生在学习过程中不断变化和发展的认知能力、情感态度、学习习惯、价值观等动态因素的评价，不利于学生综合素质的培养和提高。

（四）评价标准僵化

传统英语教学评价多采用统一标准和量化尺度来衡量每一个学生，忽视了学生自身的个体差异，过多地强调共性和一般趋势，严重压抑了学生的个性和创造性。

二、优秀英语教学评价的基本特征

（一）促进学生自身发展

在评价过程中，学生的学习和进步始终居于首要地位。评价的主要目的不是给学生分出优劣，而是为了促进学生的发展，是一种发展性评价。英语教学中采用的各种评价方式都是为了提高教学效率，激发学生的学习热情与进取心，培养学生的学习兴趣和良好的学习习惯，使每个学生在专业能力、社会认知和方法能力三个方面，相比于原有的基础都能得到提高和发展。

（二）关注学习过程

学生在学习过程中，其认知能力、情感态度以及学习策略等都在不断地变化和发展，教师应及时把握和收集这些反映学生发展状况的动态资料，并通过分析形成能够反映学生发展变化的评价结果，从而对学生的优势或不足给予鼓励或引导。

（三）尊重个体差异

每个学生都有不同于他人的独特素质和生活环境，有自己的兴趣爱好、长处和不足。每一个学生发展的速度和轨迹不同，学生的差异也就不仅仅是指考试成绩的差异，还包括生理特点、心理特征、兴趣爱好等各个方面的差异，因此评价的目标也具有一定的个体性，在评价过程中尽可能地为学生"量身定制"个性化的评价标准和评价方法，避免使用同一尺度来衡量每一个学生，使部分学生丧失学习信心。

（四）发挥学生主体作用

传统的教学评价存在着重师评、轻自评，重科学知识、轻实践创新，重共性、轻个体，重结果、轻过程等弊端。只有少数学生能够获得鼓励，体验成功的快乐，大多数学生成了失败者。不论是教师还是学生，在评价中都应该是平等的主体。只有充分发挥学生在评价中的主体作用，才能让学生最大限度地接受评价结果，从评价中发现自身的不足，找到自信与价值，找到努力的方向。

三、常见的评价类型

教学评价工作是十分复杂的。根据不同的划分标准，可以将教学评价分为不同的类型。根据实施教学评价的时机不同，可以将教学评价分为表现性评价、多元化评价、真实性评价、形成性评价和终结性评价。

（一）表现性评价（performance assessment）

表现性评价是一种发展性评价，其核心思想是通过学生完成现实生活中或学习中的任务展示自己知识的掌握和各方面能力的应用，借以促进学生的学习和发展。表现性评价中学生完成的任务一般都是接近生活或工作实际的任务，如绘图、制作模型、使用设备或仪器等；有时评价的任务还可以是口头陈述、论述等，需要学生综合运用多学科的知识和技能。因此表现性评价所关注的是知识和技能的应用和非智力因素的发展，而不是知识和技能的回忆与再认，它鼓励学生进行发散性思维，允许甚至追求答案的多样性。如2015年全国职业院校技能大赛中职组职业英语技能赛项中情境交流、职场应用所体现的就是表现性评价理念。

（二）多元化评价（diversity assessment）

不同于其他的评价方式，多元化评价强调评价标准的多元性、评价内容和评价方式的多样性以及评价主体的多元性。传统评价多是教师对学生的评价，期中、期末考试是教师评价学生的方式，学习过程中教师通过考勤、单元测试等方式对学生施评；评价多以测试为主，侧重对语言知识和语言技能的考查。而多元化评价体系不会用同一标准要求所有的学生，评价标准也因此呈现出不同的层次与等级。在评价内容选择上，除基本知识与技能以外，多元化评价强调对学生非语言素养的评价，如学生的文化意识、情感态度、价值观，甚至是自主学习能力、合作意识、创新思维等。在评价手段方面，多元化评价更是强调根据不同的评价内容、评价目标来选择不同的评价方式，即使是同一评价内容，多元化评价体系同样倡导通过综合手段获取信息。与传统的只有教师作为施评者不同，多元化评价鼓励学生自评、互评，鼓励家长、社会等作为评价主体的一员参与评价。多元化评价体现了对学习者差异的尊重，体现了对社会需求的尊重，体现了对学生的学习主体和评价主体地位的尊重，有利于学生综合素质的发展。

（三）真实性评价（authentic assessment）

传统的评价方式是通过学生在测试中的表现推断学生是否具备现实生活中完成类似任务的能力，但是，这种间接评价方式往往只是揭示学生的知识，无法真正反映学生的能力。要评价学生是否具备某种能力，最直接的方式就是要求学生去执行这一任务。而真实性评价就是可以替代传统评价方式的一种直接评价方式。

真实性评价可以用于形成性评价，也可以用于终结性测试。在形成性评价中，真实性评价强调评价与学习活动的整合，将评价活动融入学习活动之中，而不是将评价剥离出来。在终结性评价中，真实性评价提倡任务型测试，比如通过学生完成工作中类似的阅读任务来评价学生的阅读理解能力，而不是传统的阅读选择主旨大意、推理判断等。

（四）形成性评价（formative evaluation）

形成性评价作为教和学的有机组成部分，是一种信息收集、整合和解释的过程，目的在于在学习发生的同时促进学习，评价以发展为目的，而不是以划分等级为目的。形成性评价着重关注学生的学习过程，关注学生的实践和对知识的运用，同时还关注学生在情感态度、自主学习能力等方面的发展，可以揭示学生的进步情况，为下一步的教和学提供有益的参考。形成性评价能够更好地测量学生的实际操作能力，更加尊重学生的主体性和创造性，并且在转变学生的学习观念、完善学生的学习等方面也有积极的作用。

（五）终结性评价（summative evaluation）

终结性评价是一种结果性评价，是在某一相对完整的教学阶段结束后对整个教学目标（或学习目标）实现的程度做出的评价。终结性评价可以是学业考试，也可以是阶段性目标达成评估，包括期中考试、期末考试、学院评价以及课程终结性评价。

与传统意味上的测试不同，终结性评价不等于测试。除测试以外，终结性评价还提倡采用构建性的表现性任务，如作文、研究报告、角色扮演、职场任务、情境交流等。用于形成性评价的成长记录袋等也可以用于终结性评价。

四、中职英语教学评价体系的构建

根据新课程标准的要求和英语教学评价应具备的基本特征，国内外学业发展性评价研究的特点和趋势，以及中职英语教学的现状，我们尝试构建发展性评价体系，拟突破传统的学业评价价值取向与评价模式，以促使学生全面发展（如图2-1所示）。中职英语发展性评价过程主要由形成性评价和终结性评价两个主要环节构成。

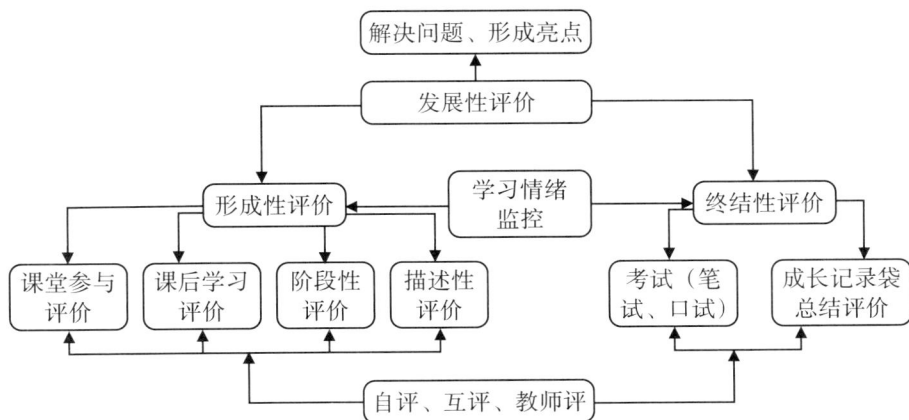

图 2-1　中职英语发展性评价结构图

第三节

新课程标准下的中职英语课堂教学评价

一、新课程标准下中职英语的课程理念

中职英语课程以满足不同地区、不同学生的发展需求为目的，是一种以学习者为中心的课程。根据《课程标准》，中职英语要尊重学生的差异，为其提供多种学习选择。对基础较薄弱的学生要进行补偿教学，对学有余力的学生要进行拓展教学，适应学生个性发展的需求，使每个学生均学有所得。因此，评价也必须适应模块化的课程结构，适应课程分级目标的要求，满足不同地区、不同专业、不同背景图式、不同认知风格学习者的要求，既要保证学生的全面发展，又要促进学生的个性发展。

中职英语课程首先要考虑的不是教育的基本目标，而是社会需求。中职英语课程培养学生的不仅是基本的听、说、读、写技能，更是生活和职业场景中的语言运用能力。因而，中职英语课程需要关注社会需求，着重培养学生走向生活、走向工作岗位后所需要的语言运用能力和综合素养。作为一种情境课程，中职英语强调将社会需求、英语课程需求与学习者需求有机整合，课程在体现英语作为一门学科的基本内容之外，更要关注学习者需求和社会需求。

二、新课程标准下中职英语的课程目标

　　根据《课程标准》，中等职业学校英语课程要求在义务教育基础上，帮助学生进一步学习语言基础知识，培养听、说、读、写等语言技能，初步形成职场英语的应用能力；激发和培养学生学习英语的兴趣，提高学生学习的自信心，帮助学生掌握学习策略，养成良好的学习习惯，提高自主学习能力；引导学生了解、认识中西方文化差异，培养正确的情感、态度和价值观。从中可以看出，中职英语课程不仅要培养学生的语言应用能力，同时还将学生的情感态度、价值观、职业意识、自主学习能力等作为课程的核心目标，课程指向学生的全面发展，而不只是语言能力的发展。在语言学习方面，课程目标不是定位在知识的习得，而是侧重知识在真实生活和工作中的运用。

　　《课程标准》根据中职英语的特点，考虑到地区差异以及同一地区不同专业学生的差异，将基础模块能力要求分作"基本要求"和"较高要求"两个等级，同时还结合部分学生继续学习和个性发展的需要提出了适合于拓展模块的"更高要求"。"基本要求"为全国各级中等职业学校学生都应该达到的课程目标，中职英语的评价也应该参照"基本要求"设定评价标准。中职英语课程更多地要求学生能够用英语做事，而不只是学习语言知识，语法要求侧重意义，语音侧重达意，要求学生"能根据语音、语调理解日常生活中说话者的意图""能在交流中做到语音、语调基本达意"，课程看重的是成功交际，是学生的沟通能力、观察能力以及语言交际的能力。

　　《课程标准》中的目标具有统一性，为中职英语课程目标达成评价提供了统一的评价标准，其基本要求是全国各地中职学生都必须达到的课程目标，而较高要求是对发达地区或入校语言基础较好的学生建议达到的课程目标。但是，课程在描述行为目标的同时，也兼顾到不同地区学生的差

异，兼顾到学习者的个性发展需求，明确指出中职英语课程要适应学生的个性发展需求，使每个学生均学有所得。这就要求中职英语评价必须具有发展性、多元性，而不是采用同一个标准、同一种方式评价所有的学生，允许和保证学生的个性化表现。

三、新课程标准下的中职英语评价理念

（一）评价标准

根据中职英语课程的性质与目标，中职英语评价在内容上应该侧重听、说、读、写的基本技能，具体评价应该以学生完成生活和职业场景中真实任务中的表现为依据；而从终身学习的角度出发，还应包括对学生职业意识、情感态度、创新思维、自主学习等方面能力的评价。

中职英语的评价应该是中职学生核心能力和综合素养的评价，而不仅是知识、技能的评价。学校、教师在组织评价时首先必须关注《课程标准》的要求，同时关注本校、本班学生的具体特点，包括其语言基础、学习能力、个性专长等；既要考虑到课程学习的要求，更要考虑到学习者需求，考虑到学生在评价中的价值主体地位，同时最好兼顾地区社会需求。中职英语的评价标准应该是多元的，应该是学科、学生和社会的结合，应该是《课程标准》的目标要求与学校学生实际的结合。

（二）评价内容

1. 语言知识的运用能力

中职英语的评价应该侧重语言知识的运用，而不只是知识的再认识。就期中期末考试而言，不宜涉及单纯词汇和语法的知识类考查，建议将词汇和语法的测试与听、说、读、写技能结合起来，侧重词汇、语法的表意功能，而不只是结构；侧重交际中语音语调的达意情况，而不只是语音语调的准确性。

在具体的单元或者课堂教学中，如果教学目标是词汇、语法的理解，甚至是语音语调的准确性，那么可以将知识记忆和理解、语音语调作为评价的内容。但是，这种目标只是阶段性目标，不是终结性目标。就英语学习而言，知识的评价应该侧重知识在具体语境中的运用。

2. 生活和职业场景中的听、说、读、写技能

知识的运用体现在听、说、读、写具体活动之中，听、说、读、写技能的培养也是中职课程的主要目标，《课程标准》对具体课程目标的描述也都是以听、说、读、写为表现形式，听、说、读、写技能也因此是中职英语评价的核心内容。

中职英语对听、说、读、写技能的评价应该置于具体的生活或职业场景之中，通过学生完成职业或生活场景中包含听、说、读、写技能任务的表现评价学生的交际能力、沟通能力、问题解决能力等。

3. 学习过程

形成性评价以完善教师教学和促进学生学习为目标，因此形成性评价将学生的学习过程视为评价的主要内容。学习过程包括学生的课堂参与、课外完成作业的情况、学生参与社会实践（如顶岗实习）中的表现、学生参与项目和完成项目的情况，以及学生在学习过程中的思维和认知。课堂教学中的形成性评价包括学生在听、说、读、写和小组以及同伴活动中的表现，学生在课堂教学中表现出的踊跃或懈怠、兴奋或焦虑、融入或走神，在完成听、说、读、写任务中所使用的策略等都属于学习过程的范畴。只有关注学生的学习过程，形成性评价才能起到诊断、激励、促进等作用，才能为教师和学生提供有益的参考信息。

4. 情感态度、职业意识等综合素养

不管是形成性评价还是终结性评价都应该将学生的情感态度、职业意识等非语言素质纳入评价的范畴，包括学生在学习过程中和在完成任务过程中所表现出来的观察能力、合作意识、创新能力等。从中职英语课程的目标出发，中职教育是一个培养合格技术性人才的工程，评价只有将这些语言之外的综合素养作为评价内容，才能真正评价中职英语教学是否达成

了课程目标，才能真正关注和促进学生的全面发展，而不只是关注学生对语言知识和语言技能的掌握。

（三）评价主体

《课程标准》在评价建议中明确指出，中职英语评价必须是教师评价与学生自评、互评相结合。学生既是价值主体，也是评价主体；既是评价客体，也被赋予了评价主体的角色。

随着中职课程理念的逐步深入，社会用人单位、家长开始被接纳为评价主体，积极参与对学生学业成绩等方面的评价，这体现了评价主体的多元化。

四、新课程标准下的中职英语教学评价

《课程标准》明确提出了英语教学评价的目的是，通过对学生学习过程和学习成效的评价，及时向教师和学生提供反馈信息，帮助教师改进教学，促进学生发展。评价要注重诊断与指导功能，突出激励作用。同时又指出，评价要坚持终结性评价和形成性评价相结合，定量评价与定性评价相结合，教师评价与学生自评、互评相结合。形成性评价可采用作业、测验、课内外活动等形式。终结性评价可采用听力测试、口试和笔试等形式，也可采用真实性任务。下面具体介绍形成性评价和终结性评价相结合的评价方式。

形成性评价重视对学生学习过程的评价，但主观性因素较强，学生自评互评所采用的标准并不一样，可信度有待商榷。终结性评价强调考试是学生质量评价的重要手段之一，具有其他评价形式和手段不能取代的独特之处，但是这种评价缺乏科学性和全面性，它只反映学习结果，而忽视学习过程。因此，将终结性评价和形成性评价结合起来，既关注结果，又关注过程，做到取长补短，充分发挥两种评价方式各自的优势，达到对学生

进行全面、准确评价的目的。

（一）形成性评价

　　形成性评价又称过程性评价，是教学过程中进行的评价，是为了引导教学过程正确、完善地前进而对学生学习结果和教师教学效果采取的评价。其目的是了解目标达成的情况，发现每个学生的潜质，强化学生学习方式的改革，以便为教师提供及时的反馈，调整教育教学活动，保证教育目标的实现。中职英语形成性评价主要是采用中职英语形成性评价、学生英语学习情感态度及学习策略调查、中职学生英语学习综合评价等形式，对学生进行全面的评价（见表2-1），表2-1中设置了课堂参与、课后学习、听力、口语、综合运用、单元/阶段检测等六项内容，每项内容都有其相应的评价标准，由教师与小组长参与评价，以此来激励学生学习，帮助学生及时而有效地调控自己的学习过程，使学生获得成就感，增强自信心，培养合作精神，增强自主学习能力。《课程标准》指出评价应尽量采用描述性语言，以鼓励为主并指出问题，所以在评价过程中，对不能量化的因素我们采用描述性评价的方式，客观地评价学生的进步并提出有效的建议。开学初课题组成员做好各项准备工作，按班级人数，以4～5人组成学习小组，教师指定或由组内人员推荐组长一名，负责组内各项活动的组织和总结工作。并设计好各类表格，在班级的学习园地里专门设置"英语角"，用于评价结果的公布和优秀作品展出，并设置"学生心语"一栏，给学生创造一个交流的平台。

表2-1　中职英语形成性学习评价

班级_____姓名_____学号_____

时间		评价内容											教师评语或建议
		课堂参与						课后学习		听力	口语	综合运用	单元/阶段检测	
		周一	周二	周三	周四	周五	等级	活动	作业					
第一阶段	第一周													
	第二周													
	第三周													
	第四周													
	第五周													
	阶段性评价													
第二阶段	第六周													
	第七周													
	第八周													
	第九周													
	第十周													
	阶段性评价													
第三阶段	第十一周													
	第十二周													
	第十三周													
	第十四周													
	第十五周													
	阶段性评价													
第四阶段	第十六周													
	第十七周													
	第十八周													
	第十九周													
	第二十周													
	阶段性评价													
总　评														
家长寄语														

说明：形成性评价内容及评价标准：① 课堂参与　A等＝4：积极主动投入各项课堂活动如提问、回答、讨论、练习等，积极参与，效果明显。B等＝3：积极投入各项课堂活动如提问、回答、讨论、练习、任务性活动等。C等＝2：被要求时能回答、演

示、讨论、练习及参加其他活动。D等＝1：基本没有主动质疑、回答、讨论、练习等课堂活动。②课后学习 A等＝4：积极主动参加各项课外英语如竞赛、英语小报制作等，效果好，能独立按时按量优质完成书面作业。B等＝3：较积极参加各项课外活动，能较好完成作业。C等＝2：不主动参加各项活动，有拖欠作业现象，质量不高。D等＝1：不参加课外英语活动，很少按时按量完成作业。③听力：按实际情况或等级或百分制评定。④口语（包括值日、课文或对话复述、英语课内外表演及表现力）：A等＝4：准备充分，表达正确，效果好。B等＝3：表达正确。C等＝2：表达基本正确。D等＝1：无法表达。⑤综合运用、单元/阶段检测：课内外阅读、听写、完形填空、写作等。所得分数转化为按学校规定的相应等级标准评定。⑥阶段性评价：取均值为阶段等级。⑦总评：取各阶段的均值。

1. 课堂参与评价

课堂是教学的主阵地，教学质量优劣与否主要取决于课堂教学效果的好坏。课堂上我们结合教学内容创设多种教学活动，如背诵、朗读、回答问题、复述故事或描述图片、对话、角色表演、竞赛、作文、快速阅读等，在活动中观察和记录学生的表现和参与情况，对学生或活动小组进行评价。评价方式包括自评、互评和师评，每节课下课前3分钟为小组自评、互评时间，小组长填好评价记录，评价结果在"英语角"中公布，并存入学生学习档案袋。在课堂活动中，教师要常用一些激励性的语言鼓励学生。比如：

——你的英语很棒，发音准确，悦耳动听，以后能不能请你大点声？

——你说的英语真好听，跟外国人说的差不多。以后，你能不能也教教大家？早自修你做领读好吗？

——你是一位很负责任的小组长，是大家学习的榜样。

——你的英语歌唱得真好听，能教教我们吗？

——你的进步很大，给大家介绍一下你的学习经验，好吗？

2. 课后学习评价

课后创设互助项目活动，对活动效果或任务完成情况进行评价。为了给学生创造语言实践的环境和机会，培养学生的综合能力和学习兴趣，可在课后创造一系列的简单且易操作的英语活动，如组织全班举办英语角；设计形式多样、趣味性强的活动，如英文经典名曲歌咏比赛、演讲比赛、作文竞赛、词汇竞赛、英语小报制作、书法比赛、短剧表演、英语说明书解读等营造浓厚的英语学习氛围，在活动中进行交互评价，并让好的短剧、优秀"歌手"参加学校的艺术节表演等，使学生的听、说、读、写得到了全面的提高，增强提高英语实际运用能力的信念；使学生养成良好的学习习惯，积极参加各项活动，并能自主安排预习、复习任务，自主调整学习计划和学习策略。比如在一次学习经验交流中，学生就如何学习一篇新的课文各抒己见，做了如下总结："Read the text aloud to oneself; listen to the tape recorder of the text; read the text，underline difficult words and guess or check them in the dictionary; find out the key sentences; answer the questions of the text; note down the difficult points one cannot understand or discuss with their partners; retell the content of the text."学生在交流中反思自己的学习方法，相互借鉴，取长补短，以增强自己的学习能力。

3. 阶段性评价

为了激励和促进学生的学习，反映学生语言发展情况，以五周为时间单位对学生进行阶段性评价。针对每周各学生的课堂学习、课后自学及活动参与以及进步情况，师生共同参与评价，并且教师为每个学生都设置形成性学习评价表，每一阶段进行一次总结性评价，使学生看到自己的进展。教师要表扬爱学习、肯动脑、热情高的学生，鼓励学习有进步的学生，并指出他们存在的问题，使其明确今后学习的方向，激发学习英语的热情，培养良好的学习习惯和关心、协作的精神。同时教师在评价过程中与学生互动沟通，探明妨碍学生顺利学习的原因，并对其发展变化的可能性进行预测，以便对症下药——针对学生的优势和不足，给予学生激励或具体的、有针对性的改进建议。比如：

——你是一个反应灵敏的女孩，课堂上能积极发言，并且口齿清晰。但是你在课堂上总喜欢与你的同伴讨论课外的话题，如果你能把你的特长用在英语学习上，我想你的英语成绩会更加棒。

——老师常看到你在教室里专心读书，做作业，很少在操场上看到你。我很欣赏你的刻苦钻研精神，你的读写能力也很不错。但是，老师认为英语是一门语言课，它需要我们不断地开口练，才能提高得更快！老师希望你能在课堂上不要总是保持沉默，多开口讲讲，你的听说能力才能够提高。

——你身为一名小组长，英语成绩不错，对工作也很负责，老师很感谢你。作为一名小组长，你不仅要以身作则做好该做的事，更要带动组内的同伴一起参与学习，共同提高。

（二）终结性评价

终结性评价是指在某项教学活动告一段落时对最终结果做出的价值判断，其目的在于对被评价对象进行分等、鉴定或对课程方案、学习程序及教学计划的效力进行研究。中职英语终结性评价是指在学期或学年末结束时对学生进行的全面评价，由上级部门或学校统一组织实施。

发展性评价倡导改变纸笔测验的单一方式，采取了多样的评价方法。

1. 测试性评价（包括书面、口头等多种形式）。该评价方法加强了考试内容与社会实际和学生生活经验的联系，重视考查学生独立思考和解决问题的能力及实践操作的能力，把握好试题难易度，顾及不同层次的学生，消除学生对考试的恐惧感，让学生获得成就感。书面考试成绩采用增量考核的方式进行评价，增强可比性。

2. 学习档案袋（learning portfolio）评价。学习档案袋是指用以显示学生学习成就或持续进步信息的一连串表现、作品、评价结果以及其他相关记录和资料的汇集。学生学习成长档案主要由任务及策略、作品及评价、计划及反思三部分组成，学习档案袋的主要目的在于使学生通过自己的全程参与，学会反思和判断自己的进步与努力。学习档案袋评价的内容如图2-2所示。

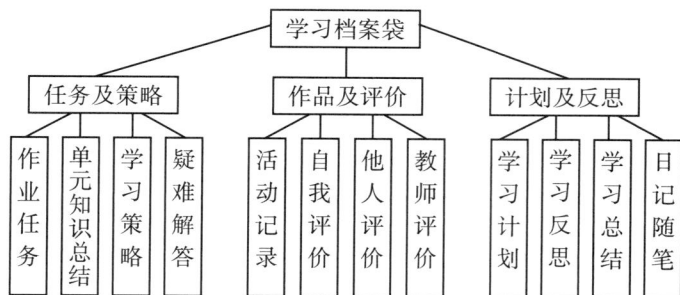

图2-2　学生学习档案袋的模块结构图

（三）学习情绪监控

《课程标准》指出评价更为关注学生掌握知识、技能的过程与方法，以及与之相伴随的情感态度与价值观的形成。在高中阶段，教师应引导学生将兴趣转化为稳定的学习动机，以使他们树立较强的自信心，形成克服困难的意志，乐于与他人合作，养成和谐与健康向上的品格。情感态度是指兴趣、动机、自信、意志和合作精神等影响学生学习过程和学习效果的相关因素，以及学生在学习过程中逐渐形成的国际视野。我们在每一个阶段对学生在英语学习过程中情感态度、学习策略等变化进行问卷调查，以便教师能及时了解学生的学习态度、学习兴趣、学习困难，加强师生情感交流，以利于调整教学方法和手段，并采取相应的措施提高教学效果。学生也可对照调查表有目的地调整自己的策略和态度，培养自己的兴趣并调整学习方式。（见表2-2）

表2-2　中职英语学习情感态度、学习策略调查表

班级＿＿＿＿＿＿姓名＿＿＿＿＿＿

（A＝完全符合我的情况；B＝基本符合我的情况；C＝有点符合我的情况；D＝不符合我的情况。）

项　目	时　间			
	1～5周	6～10周	11～15周	16～20周
1. 我制订了英语学习计划。				
2. 英语很有趣，我喜欢上英语课，并且积极参加英语活动。				
3. 我喜欢英语老师。				

续表

项　　目	时　　间			
	1～5周	6～10周	11～15周	16～20周
4. 我爱看英文小故事。				
5. 我爱关注生活中的英语。				
6. 我每天课外都要学英语。				
7. 我喜欢参加学校组织的英语活动。				
8. 我喜欢与同学一起学英语。				
9. 我总是认真完成作业。				
10. 我害怕考试。				
11. 我常反思我的英语学习并总结英语学习方法。				
12. 我感觉自己进步了，具有学好英语的自信心，能尽力克服学习中的困难。				
总结性自我评价（A＝优秀，B＝良好，C＝合格，D＝需努力）				
我最喜欢的英语课堂活动				
我最喜欢的英语课外活动				
我最想跟英语老师说				

　　在形成性评价和终结性评价的基础上，我们将学期、学年综合评价的结果以报告单（学生成绩册中体现）的形式向学生和家长反馈（见表2-3），并采用激励性语言，客观描述学生的进步、潜能及不足，提出明确、简要的改进意见。

表2-3　中职学生英语学习综合评价表

班级_____　姓名_____　学号_____

项目	学习兴趣		课堂参与积极性		学习策略								阶段性测试
					合作学习		预习/复习		作业完成		课外学习		
方式	自评	组评	自评	组评	自评	组评	自评	组评	自评	组评	自评	组评	
第一阶段　等级													
教师评语或建议													

续表

项目	学习兴趣		课堂参与积极性		学习策略								阶段性测试
					合作学习		预习/复习		作业完成		课外学习		
方式	自评	组评	自评	组评	自评	组评	自评	组评	自评	组评	自评	组评	
第二阶段 等级													
第二阶段 教师评语或建议													
第三阶段 等级													
第三阶段 教师评语或建议													
第四阶段 等级													
第四阶段 教师评语或建议													
终结性评价													
学生心语													
家长寄语													

说明：综合评价标准为①学习兴趣　A：很喜欢，B：喜欢，C：一般，D：不喜欢，E：很不喜欢。②课堂参与积极性　A：积极，B：较积极，C：一般，D：不太积极，E：不积极。③合作学习　A：善于主动合作，B：常与同伴合作，C：很少与人合作，D：不与同伴合作。④预习/复习　A：已成习惯，B：经常，C：有时，D：基本没有，E：从来没有。⑤作业完成　A：很好，B：较好，C：一般，D：常欠交，E：很少做。⑥课外学习　A：有计划，能自觉查阅资料和参加英语活动，B：较好完成，C：一般，D：常不完成，E：从来不做。⑦终结性评价：等级评价或百分制评价与描述性评价相结合。

第三章

——

中职英语形成性评价

　　形成性评价，是对学生日常学习过程中的表现、所取得的成绩以及所反映出的情感、态度、策略等方面的发展所做出的评价，是基于对学生学习全过程的持续观察、记录、反思而做出的发展性评价，是相对于传统的终结性评价而言的一种评价。形成性评价的目的是激励学生学习，帮助学生有效调控自己的学习过程，使学生获得成就感、增强自信心、培养合作精神，同时也对教师的课堂教学效果提供反馈信息，从而促使教师及时调整教学策略。形成性评价使学生从被评价者转变成为评价的主体和积极参与者。

　　近年来，随着中职英语课程改革的深入和《课程标准》的颁布，学界对中职英语中形成性评价的研究越来越多。形成性评价可以激发学生的学习兴趣，调动学习积极性，改善学习态度，增强学习自主性。

第一节

学期中形成性评价

　　尽管《课程标准》把形成性评价放在一个十分重要的位置，相关研究也证明形成性评价对学生学业成就等具有巨大的影响作用，形成性评价也获得了人们极大的关注，然而，学者的研究、政府的支持均未使形成性评价发挥其应有的作用，形成性评价仍未得到真正的推广和应用。那么，如何才能保证形成性评价的效度呢？本节将重点介绍学期中形成性评价的开展。

一、形成性评价目标的确定

（一）根据《课程标准》将目标逐步具体化

《课程标准》规定了中等职业学校的课程目标，这是基于广泛的社会需求调查和学校现状调查所拟订的目标，能够反映中等职业教育的实际，也因此具有广泛的适应性，可以作为教师制订形成性评价目标的参照。

中职英语课程采用模块设置理念，分为基础、职业和拓展三个模块，《课程标准》中"基本要求"和"较高要求"指向基础模块，教师可以根据自己学校和学生的具体情况进行目标参照，将《课程标准》中的目标进行分解、细化，与教材结合制订每一学期、每一单元、每一周的形成性评价目标。

比如，《课程标准》对听的基本要求是能根据简单课堂教学用语做出反应；能利用关键词捕捉简单信息（如姓名、电话号码、职业等）；能听懂日常生活中的简单会话和职业场景中的简单指令。

那么，如何才能培养学生捕捉简单信息的能力呢？如何才能培养学生听懂日常生活的简单会话和职业场景中简单指令的能力呢？这需要教师结合教材将简单信息具体化，将职业场景和生活场景具体化，将指令具体化。由于教材未必能够提供技能发展的所有素材，因而教师有必要提供辅助性听力材料，并提出具体要求。

（二）根据学习者需求将目标人性化

每所学校、每个班级的学生都会在语言基础、认知风格、学习能力、学习习惯、情感态度等方面存在差异，学校或班级应根据自身的具体情况确立形成性评价目标。如果学生的语言基础较薄弱，教师有必要降低技能要求的难度；如果学生的基础较好，则需要提升技能要求的难度。教师同样有必要结合学生的认知风格和学习习惯设计相应的学习活动和技能呈现方式。

学生可以根据自己的智力倾向、学习风格等选择用图表、行为、语言等方式，表现自己对英文文本所呈现的工作程序的理解，这体现了对学习者认知差异的尊重。

（三）明确参与性评价标准

学生的参与是技能目标达成的保障，教师也会因此设计各种各样的评价活动以监控、促进学生的参与，比如考勤、网络学时、量表、课堂观察等。但是，参与到什么程度才符合要求，即参与的评价标准往往被忽视。在制订评价计划时，我们不仅要明确技能发展的评价标准，同时还必须明确参与性评价标准。

形成性评价的参与性评价标准因具体评价内容不同而不同。如果是课堂参与，教师可以规定主动回答问题多少次可以得到 A 级，多少次可以得到 B 级，同时规定"不作为次数"[①]对等级的影响。如果是网络自学，可以规定必须达到的在线学习时长、必须完成的任务量以及必须达到的等级；如果是课堂作业，如写作作业，可以规定作业必须及时提交以及作业必须达到的最低要求；如果是实践性活动，可以规定实践性活动中信息检索、合作、语言组织以及问题解决等方面必须达到的要求。

二、形成性评价计划的制订

虽然教师在教学过程中都会对学生的学习进行评价，但多数情况下，评价是随机的，缺乏规划，主要表现在评价的目的不明确，评价数据的分析与使用不到位，形成性评价的结果效度比较低。要提高形成性评价的效

---

① "不作为"指学生上课不参与课堂活动，不管老师布置什么任务该学生就是不参与。

度，就必须制订科学具体的形成性评价计划。形成性评价计划一般包括以下组成部分。

（一）需求分析

形成性评价计划必须建立在对目标需求和学习者需求的分析基础之上。教师有必要了解在中职阶段学生需要掌握哪些语言知识和技能、需要掌握到什么程度、学生离目标有多远，学生想要的到底是什么、对什么感兴趣、喜欢什么样的评价方式，以及什么评价方式对学生是有效的，等等。

一般情况下，可以根据《课程标准》了解中职阶段所应达成的目标，同时结合教材分析明确每学期、每单元应该掌握的知识与技能。教师可以通过测验等方式了解学生已有的语言基础，帮助学生明确自己的目前水平与目标要求的差距。教师可以通过问卷调查、访谈等了解学生的学习习惯以及相关的学习经历，掌握学生的学习需求。

但是，形成性评价规划要求教师必须明确哪些评价方式对学生来说是有效的，哪些是低效，甚至是无效的。如果不是第一次评价（比如高一第一学期的评价计划），教师可以通过学生对以往形成性评价的反馈了解学生在评价方式方面的适应情况。这就要求教师必须具有元评价意识，通过观察、日志、问卷、访谈等方式对形成性评价进行评价，从而了解哪些评价方式是有效的、哪些是无效的，哪些内容需要评价、哪些内容不值得评价，等等，以便在制订下一步评价计划时能够选择有效的评价方式。

（二）确定评价目标

一般情况下，学期课程目标即是形成性评价在语言方面的总体目标，每个单元的教学目标即是单元知识和技能评价目标。但是，教师必须另外确立形成性评价的参与目标。

（三）选择评价方式

评价方式对评价数据的收集十分重要，不同的评价内容对评价方式的要求也不同。除常见的阶段性测验、作业、档案袋、日志、问卷、访谈等之外，中职阶段应该注意发挥以下评价手段的作用。

1. 实践性活动

实践性活动是指学生参与类似于现实生活中（如社区、职场）交际、做事等行为，比如社区服务、指路问路、地铁安检、银行办理业务、超市购物、加油站加油、宾馆服务、饭店就餐、网上购买火车票等。这些实践性活动可以是学习活动，同样可以作为评价的工具。但是，如果实践性活动作为形成性评价的手段就必须注意以下几点：

对学生在实践性活动中的表现进行评价，评价侧重学生的参与、合作以及进步，同时关注学生在实践性活动中表现出来的知识与能力水平以及职业道德等综合素养。

多方位记录学生在实践性活动中的表现，包括学生的参与度、贡献率、知识和能力水平等。通过比较学生在实践性活动中表现的分析以及在持续性实践性活动中的表现，了解学生情感态度的变化、知识和能力的发展、出现的问题以及问题解决情况，有必要为学生建立一个实践性活动档案袋；从课程考核的角度出发，为监控、促进学生的参与，可以将学生在实践性活动中的表现等级化，并作为课程考核的依据之一。

2. 项目

项目学习是一种比较符合中职课程理念的学习方式，项目也可以作为一种形成性评价手段。

首先，要系统记录学生在项目过程中的表现，包括学生所做的信息检索，小组在项目规划、项目实施和项目成果形成等过程中的研讨，项目成果的多个原型以及最终成果的展示，从过程和成果两方面对学生在项目中的表现进行评价，利用学生在项目中的表现为学生的学习提供有针对性的指导，为教师的教学设计提供知识、技能和动机等方面的参考。

其次，项目作为形成性评价手段的另外一种操作就是学生在项目中的表现作为形成性考核的一部分，或是按照一定的权重计入课程考核，或是作为一种资格评价①。北京市部分中职学校有关项目学习在形成性评价中应用的研究也表明，项目可以作为一种形成性评价的手段，项目学习不仅可以促进学生的参与，也可以促进学生自主学习能力的发展，对学生综合素养的提高尤其有益。

3. 量表

量表是形成性评价信息采集常用工具。课堂结束时可以用量表组织学生对自己的课堂表现进行自我评价，包括参与是否主动，能否全神贯注，在听力/阅读/语法应用方面是否遇到困难，如果感到困难自己认为有可能是哪方面的原因。每一周、每一月、每一学期结束时，我们都可以通过量表对学生的表现进行自评、互评。

量表一般采用克里特五级量表（见表3-1）。根据评价内容的不同，评价量规的构成与表现形式也会有所差别。但是，教师应该注意评价的变化性，尤其是注意评价结果的反馈。否则，每节课、每单元后都要求学生结合量规进行自我评价，学生会感到很单调、无实质意义，评价也就流于形式，无法起到应有的作用。

表3-1　学生自评表

题　号	项　目	1	2	3	4	5
1	I listened attentively.					
2	I took an active part in all the activities.					
3	I could understand the teacher.					
4	I could understand my classmates.					
5	I could answer the teacher's questions.					
6	I could ask my own questions.					

① 所谓资格评价指学生在形成性评价中的表现不以任何权重计入总成绩，而是作为参加终结性考核的一个条件。这是笔者在高校开展评价时的一种做法。该评价体系中，学生的形成性表现按照等级评定，只有达到C级要求才有资格参加期末考试，而学生的学业成绩只按期末考试的表现计算，期末考试采用真实性评价测试的原则，重点评价学生的语言运用能力。

7	I completed all the tasks in class.				
8	I could understand my classmates' report about the class-room scene.				
9	I could understand my classmates' report about American school system.				
10	I learned a lot today.				

三、形成性测验

美国学者Bangert-Drowns等人曾对29项有关研究进行了分析，探讨了形成性测验的次数与学生学习成就之间的关系，结果发现形成性测验的频率与学习成就改善幅度有显著正相关。也就是说，一个学期中形成性测验的次数越多，学生的学习成就提高的幅度就越大。John P. Hausknecht 等对107项有关准实验研究的分析再次证实了这一发现。这些说明形成性测验可以促进学生学业成绩的发展。那么，如何有效利用形成性测验呢？

（一）形成性测验方式

形成性测验虽然属于测试，但是与期中、期末考试甚至高职入学考试等考试不同，属于标准参照，而不是常模参照。形成性测验可以是全校性的考试，但是更多的是班级测验，甚至常常是随堂进行。形成性测验方式也因此比较灵活。视测验内容与规模不同，常见的形成性测验方式有：

1. 纸笔测验

纸笔测验可以是几道试题组成的短小测验，测验时间可以持续3~5分钟，也可以持续20~60分钟；可以是单项的测验，也可以是综合的测验；可以是听力、口语、词汇、语法、阅读等单一的测验，也可以是对整个单元目标达成情况的评价。比如将整张试卷分听力、阅读、语言应用和口语，材料选择、测量标准，以与教材同步，预计用时20分钟，这样的评价比较适合单元学习结束时在课堂上完成。

2. 任务型活动

任务型活动是在课堂教学中可以开展的由学生合作完成的情境交际或者是职场任务，比如问候话题就可以给学生设置不同的场景，不同的人物关系，不同国度、不同民族的人为了不同的目的问候。这需要学生掌握基本的问候用语，同时还必须掌握不同问候语所适用的人物关系、场景和交际目的。活动可以在课堂上进行，操作性强，符合形成性测验的要求。

如果是"Would you like to order?"话题，我们可以让学生角色扮演演示餐厅点菜环节，同时，给出具体的角色描述、具体的就餐环境与就餐目的的介绍。如果是"What's the matter with you?"话题，可以设计急诊室问诊的语境，同样需要明确医生与病人各自的角色，包括性别、年龄等。这样，形成性测验就不仅可以评价学生的语言运用能力，还可以评价学生的情感态度、价值观、职业道德等综合素养。

3. 游戏类活动

为了促进学生的参与，形成性测验可以突出趣味性，而游戏类活动就是一个很好的选择。教师可以设置这样一个语境，公司给前来面试的几个求职者一个任务，看谁能够通过询问姓名、住址、职业等信息找到公司的一个客户。之后，将学生分成几组，看谁先找到客户。这样可以评价学生的交际能力，同时活动的不可预测性、竞争性给学生带来成功的喜悦，这比常规的听力选择或是根据所给信息展开对话更能吸引学生。

（二）如何计算形成性测验的成绩

每学期有若干次测验，如何将学生的形成性测验成绩计入总分不仅关系着学生课程考核的成绩，更关系着评价是否公平。一般情况下，教师习惯将学生平时成绩相加除以次数，这其实违背了形成性评价的基本原则，也违背了语言能力发展的基本规律。

以学生的写作能力为例。开始学生的写作肯定不会太好，但是只要学生最后的写作能够达到中职课程的要求即可。而有些教师却习惯于按照最终的标准评价学生的每次写作，如果我们将学生平时写作的成绩相加除以次数显然是不公平的。

为了使形成性评价趋于公平，建议采用等级计算方式而不是分数。按照等级评分的等级计算规则不要求学生每次都达到5分才能得到A级分数，只要学生低于4分的不超过10%，得到5分的不低于40%即可。这种计算方式同样可以避免把分数相加除以次数带来的不公平（见表3-4）。

表3-4　等级计算逻辑规则

学生的得分	应该得到的分数
最多有10%的分数低于4，但至少有40%的得了5	A
最多有30%的分数低于4，但至少有10%的得了5	B
最多有10%的分数低于3，但至少有40%的得了≥4	C
最多有30%的分数低于3，但至少有40%的得了≥4	D
没有达到以上任何标准	E

四、项目在形成性评价中的应用

项目学习要求学生创作、验证、完善，并制造出某种东西，因此项目学习可以体现以学习者为中心的教学思想，能够体现中职英语实践教学的理念，不仅可以培养学生的语言运用能力，更可以通过项目的开展培养学生的合作意识、研究能力、创新能力以及其他情感态度、职业意识等。

那么，什么是项目呢？以往人们多把项目学习作为一种教学模式，而忽视了其形成性评价的功能。中职英语教学中如何发挥项目的评价功能呢？

（一）什么是项目

项目指以一套独特而相互联系的任务为前提，有效地利用资源，为实现一个特定目标所做的努力，是创造特定产品和服务的一项有时限的任务，是单人或小组以制作具有现实意义的制品为目的的一系列相关联的学习任务和活动。

不同的学科可以开展的项目不同，项目的分类标准不同，项目的种类也不同。一般说来，适合在中职阶段开展的项目有结构式项目和主题式项目。

结构式项目要求产品符合特定的标准，比如产品的尺寸、使用的材料、可以行使的功能等。结构式项目比较适合工科类学生，可以要求学生按照某种要求做出某种产品来。主题式项目即话题相关项目。教师可以根据每单元的话题或者单元主题的特点布置任务，学生根据要求搜集相关的资料，然后对资料进行分析、整理、综合，最后形成最终产品。最终产品可以是一个书面报告，也可以是幻灯片、视频、招贴画、小册子等。这种项目比较适合基础阶段的英语教学和评价。

（二）利用项目开展形成性评价

1. 项目评分纳入课程考核范畴

《课程标准》提倡形成性评价和终结性评价在中职英语课程考核中各占一定比例，如果教师将学生在项目中的表现按照一定的权重计入课程考核，则可促进学生的参与。如果学校还采用其他形成性评价手段，教师有必要权衡各评价工具的比重。由于项目本身也是一个学习活动，适合在课下开展，也适合在课堂上开展，建议教师给予项目更多的权重。比如有学校将学生在项目中的表现以10%的权重计入总分，可以大大提高学生的参与热情。

2. 借助项目建立成长档案

由于项目可以揭示学生语言以及非语言方面的表现，暴露学生在学习过程中多方面存在的问题、遇到的困难以及取得的进步，教师应该建立项目日志，用于形成性评价。因此，日志更多是记录学生的表现。教师不妨为每个学生基于项目建立成长档案，如实记录学生在项目中的表现。这样不仅学生可以看到自己的问题与进步，教师也可以根据项目呈现的信息有针对性地指导学生学习。

第二节

课堂教学形成性评价

形成性评价是在教与学活动进行的过程中，教师通过师生互动、生生互动，去判断学生的学习状态，对教学目标的达成程度进行判断的过程。评价也不只是教师实施管理，给学生评分和定级，还包括教师在课堂教学中通过观察、课堂讨论等收集有关学生学习情况的信息，创设一种有效的课堂文化环境，帮助学生获得个性化的全面发展。评价对课堂教学的实施，对课堂目标的达成具有决定性的意义。那么，什么是课堂评价？如何开展课堂评价呢？

一、中职英语课堂教学现状

（一）学生英语基础普遍薄弱

由于义务教育阶段学生学业水平层次分明，导致部分学生丧失学习的信心，特别是英语学科更加薄弱，有些学生甚至连最基本的语法、音标、时态等都未入门。而有一定英语基础的学生，由于受到整个英语学习环境的影响，学习习惯差，学习方法不当，导致英语听、说、读、写能力提升困难且缓慢。众多单词、语法、时态的变化使得很多学生对学习英语产生厌倦情绪，失去信心，继而放弃了对英语的继续学习。

（二）英语学科在中职教育地位偏差

相对于普通高中学生来说，中职生的文化课成绩薄弱，他们选择职教的目的就是学习一技之长，将来能更好地就业或者进入高职院校深造，部分学生对英语毫无兴趣可言，甚至有些讨厌英语，认为英语对于他们而言毫无用处。中职学生普遍比较偏重专业学习，而对英语科目则更加不重视。

（三）课堂教学活动形式传统

课堂教学难以做到因材施教，不能针对中职学生的实际情况，没有充分认识到中职学生的特点、英语基础及其对英语的兴趣和学习态度。有些教师采用填鸭式教学，一味追求将语法知识讲深讲透，未能充分调动学生的主动性、积极性。这种教学现状也使得原本缺乏英语基础和学习主动性的中职学生更加不愿意学习英语，从而出现教师敷衍完成教学任务，学生"混日子"的现象。所以需要进行中职英语课堂有效教学策略研究，让教师解放出来，将学生调动起来。

二、课堂形成性评价

（一）课堂形成性评价的内涵

课堂教学中的形成性评价以诊断为核心目标，诊断每个阶段学习目标的达成，诊断学生的表现，诊断教学是否按照教学计划运行。为此，教师需要通过观察，通过与同学之间的对话交互，通过学生的各种表现，收集有关学生学习、教师教学的信息，收集有关内容、活动等方面的信息，分析学生不作为的原因，分析学生多元化理解与问题解决的成因，以取得课堂教学的最大效果。

与学期中形成性评价相比，课堂教学形成性评价更为具体，更关注细节，更关注学生的学习过程和心理状态。形成性评价也因此更为不正式，随机性更强。每位教师在课堂教学中多会通过这样那样的方式实施评价，但是，正是由于评价的随意性，课堂评价很难起到应有的作用。我们看到每位教师在活动后都会反馈，但是反馈的方式有同有异，而反馈的模式及教师关注的问题会直接影响反馈的质量，关系到教师能否得到应有的信息。比如，当教师采用自己提问、学生回答的方式进行反馈时，如果学生回答正确教师如何处理？如果学生回答不正确教师又应该如何处理？很多情况下，我们看到的是学生回答正确，教师即转入下一个问题；如果学生甲回答错，教师就会问学生乙，学生乙回答错，教师再提问学生丙，却很少关注正确的回答是如何得来的，错误又是什么因素导致的。评价内容、评价方式、评价结果的使用尤其要引起我们的注意。

（二）课堂形成性评价原则

1. 课堂评价必须首先明确学习目标

任何评价都是依据一定的证据进行解释的过程，但是要保证评价的效度就必须明确评价的内容与要求，收集足够的能够表明学生学习情况的证据才能做出正确的价值判断。课堂评价的首要任务是明确学习目标，使每个学生都清楚成功的标准，以便对学习的结果有清晰明确的认识，从而在学习过程中使用标准追踪目标实现的程度，必要时对自己的学习做出调整。学习目标和成功标准清晰也有助于学生的自评和互评，以便学生利用成功的标准解释学习中自己和同学们的表现，提出有关如何改进学习的建议。

日常课堂教学中教师一般都会告知学生学习目标（表现为 teaching objectives），不管是以目标方式呈现还是以任务方式呈现。但是，从评价的角度出发，教师还应该明确具体的知识与技能，明确知识和技能应该达到的程度，也就是说，教师还需要明确成功的标准。如案例3-1中对学习目标的描述，相对于"听"的目标，"说"的目标更为具体、明确，不仅任务描述具体，完成任务中使用的语言要求也都有明确说明。

案例 3-1

一、听

1. 能够听懂包含现在完成时的有关假期经历的对话，识别事实信息。

2. 能通过听提取相关信息，对其真实性进行判断。

3. 能利用所获取的信息进行交际对话。

二、说

1. 能够运用现在完成时对别人的假期经历进行询问，或对自己的经历进行口头描述。

2. 能够使用以下句型询问经历：

What problems have you once had? How did you solve...?

再如案例3-2中有关词汇和语法的目标描述，学习目标很好地区分了不同词汇应该达成的不同目标，有的要求理解，有的要求运用，并且给出了运用的具体表现形式，体现了用英语做事的理念。目标描述清晰具体，操作性强，可以作为成功的标准，有助于学生自评、互评，也为教师设计评价任务提供了参考和标准。

案例 3-2

一、词汇

1. 学生能够理解和掌握下列单词的意思：

amazing，chance，sights，tropical forest，trouble，unforgettable，communication problems，body language，abroad

2. 学生能够理解并运用以下单词和短语向他人介绍自己的旅游经历：

get lost，come back from，have a meaningful holiday，get a chance to do sth，draw upon，communicate with，sights，chance，feel，improve，sound，taste，travel，take photos，go camping

3. 能够运用 do one's best, listen to a variety of things, spoken English, improve, English corner 等谈论英语学习方法。

4. 能够准确熟练运用下列句型传达信息，描述经历和感受：find it hard to...

二、语法

1. 学生能够掌握现在完成时的构成、现在完成时的一般疑问句形式及其简略答语。

2. 能够在口头或书面表达中正确地运用现在完成时询问别人或描述自己的旅游经历。

2. 整合评价活动与学习活动

日常教学中，大部分教师会通过各种方式观察学生的表现，了解学生的学习状况，也有教师会专门设计量规了解学习者的学习状况，但是，能够整合评价与学习的不多。按照真实性评价理念，评价活动本身就是学习活动，学习活动同样具有评价功能，关键在于如何处理。

当我们要求学生听对话回答问题时，所训练的是学生的听力，是学生听获取信息的能力，但是同时这也是评价学生听力的活动；当我们要求学生阅读文章判断文章的主题大意时，学生是在参与阅读训练活动，通过阅读培养主题大意阅读策略，提升阅读技能，但活动同时也可以评价学生的阅读理解能力，评价学生对阅读策略的掌握情况；当我们要求学生根据情景开展对话时，不仅可以培养学生的交际能力，同时还可以评价学生的语言运用能力、交际能力、情感态度，甚至包括职业意识等。

那么，也许有的读者会问，学习和评价还有什么差别，不就是一回事吗？其实，课堂教学中的很多活动都可以用于评价。促进学生的评价要求我们具有评价意识，把学习活动同时也作为评价活动。这就要求我们注意以下几点：

a. 活动的设计必须以学习目标为参照，教师必须明确成功标准；

　　b. 活动中教师要观察学生的表现，而不是只是关注学生的回答是否正确；

　　c. 反馈时应参照成功标准，既关注结果，又关注过程；

　　d. 要鼓励学生自评和互评。

　　3. 评价要侧重学习过程

　　要促进学生的学习，评价必须关注学习过程。首先，在设计评价任务时要遵循语言习得规律，根据语言习得的过程性特点设计评价活动，而不能违背认知设计评价活动。其次，采集信息时不能只是关注结果，同时必须关注学生的学习过程，关注学生在学习过程中的表现。比如，在阅读过程中我们可以通过观察获取学生阅读的相关信息，如：学生是如何阅读的，是否有回读现象，在每个段落、每句话乃至每句话的每个地方停留时间是多少；学生在与其他同学交流时都交流了什么，提出了什么疑问，双方经过几个话轮解决了问题；等等。最后，在反馈时不能只是关注学生的理解是否正确，同时还必须关注如何才能正确理解，以及如果学生理解错误，又是什么因素影响学生的理解。

　　比如在学生按照要求阅读获取"common qualities for the two jobs"的过程中，教师可以观察学生是如何阅读的。在学生阅读完成表格填写时，教师可以给同学提供具体的有针对性的指导，通过观察诊断学生回答问题的情况，选择一个样板，以其为例说明如何阅读。这不是说阅读时在相关信息处画线或者圈上相关信息多么重要，其重要性在于教师对学习策略的关注，在于教给学生阅读方式，在于教师的评价不只是关注结果还关注过程。反馈时教师更是明确询问"Where did you find the answer?"，体现出对学生的学习过程的关注。

　　4. 鼓励学生自评和互评

　　只有当学生看到自己的进步，看到自己努力的结果才能形成正强化，才能更牢固地建立新旧知识之间的链接。也只有当学生认识到自己的不足，才能有效地修正错误，完善自我。因此，课堂教学中应该鼓励学生开展自评和互评。

　　学生可以自我评价自己的组合是否符合逻辑，然后教师为小组布置写作任务，要求学生模仿教师给出的范例提出小组建议，比如要求学生互换评阅对方的建议是否合理，自己是否赞同；评价其逻辑是否与教师给出的范例的逻辑一致，语言上有什么需要改进之处。这种活动在课堂上效果很好，学生能充分讨论自己的建议，各小组所撰写的建议并不完全符合所给段落逻辑要求，而互评可以引导学生关注逻辑的使用，对学生更好地理解逻辑、掌握逻辑十分有用。

第三节

形成性评价的实施措施

一、形成性评价的类型

重视形成性评价是现代教育评价的发展趋势。自其产生至目前，形成性评价与质性评价、定性评价的运用相结合，其运用类型逐渐丰富并发展为真实性评价、表现性评价和发展性评价等几种。

（一）真实性评价

真实性评价指的是在真实的生活环境中评价学生的表现。真实性评价任务都是学习过程中有意义、有价值的重要经历。例如，在真实性评价中，一名学生为了解释发动机的零件，可能需要重新组装一个发动机，相反，传统的评价方法强调的是对发动机零件的记忆。真实性评价的含义是：评价是学习的一部分，是不断发展变化的，成功或失败只能用学生在新的环境中应用知识和技能的能力的具体事实说明。

（二）表现性评价

表现性评价关注"我们怎么知道学生知道了什么"，要求定期观察和评价学生的表现。学生应该知道评价的标准，明确的标准不仅可以使学生知道关键信息，同时也可以给学生确立一个奋斗的目标。

表现性评价常常与真实性评价一起运用，并且与真实性评价一样有着以下评价任务特征和评价要求。真实性评价和表现性评价的任务特征是：

情景化、整体化、元认知化（需要学生思考他们的思考过程）、与所教的课程内容相关、灵活性（可以以多种方式展示知识和技能）。真实性评价与表现性评价的要求是：多种形式、自我评价、同伴评价、具体的标准、常规的学习结果和自我反思与个人内心反省。

（三）发展性评价

发展性评价是一种形成性教学评价，它是针对以分等和奖惩为目的的终结性评价的弊端而提出来的，主张面向未来，面向评价对象的发展。1990年前后，英国对发展性教学评价开展了广泛的实验与研究，取得了很好的社会效益。它由形成性教学评价发展而来，但比原始意义上的形成性评价更加强调以人的发展为本的思想。原始意义上的形成性评价强调对工作的改进，而发展性教学评价强调对评价对象人格的尊重，强调人的发展。

发展性教学评价着力于人的内在情感、意志、态度的激发，着力于促进人的完美和发展，是以人为本的思想指导下的教学评价。发展性教学评价强调评价主体多元化，主张使更多的人成为评价主体，特别是使评价对象成为评价主体，重视评价对象自我反馈、自我调控、自我完善、自我认识的作用。发展性教学评价在重视施教过程中静态常态因素的同时，更加关注施教过程中的动态变化因素。发展性教学评价更加强调个性化和差异性评价，要求评价指标和标准是多元的、开放的和具有差异性的，对信息的收集应当是多样、全面和丰富的，对评价对象的价值判断应关注评价对象的差异性，以有利于评价对象个性的发展。发展性教学评价在重视指标量化的同时更加关注不能直接量化的指标在评价中的作用，强调定性评价和定量评价的结合运用，认为过于强调细化和量化指标，往往会忽视情感、态度和其他一些无法量化而对评价对象的发展影响较大的因素的作用。

赫尔曼（Herman）、阿斯科贝克（Aschbacher）和温特（Winters）认为，任何一种高质量的评价模式，都应当满足下面10个关键条件：

（1）评价必须与教学目标一致。

（2）评价应该包括对学习过程和结果的测查。

（3）表现性评价活动不是评价本身。

（4）认知学习理论及其知识习得的建构方法都认为，应该将评价方法与教学结果、课程内容整合到一起。

（5）学生学习的整合和活动观要求评价综合化和复杂化。

（6）评价方案的设计取决于评价的目的，用于评分和监控学生进步的方案与用于诊断和提高的方案之间存在一定区别。

（7）一次有效评价的关键是任务和预期的学生学习结果之间的匹配。

（8）评价学生表现的标准很重要，没有了标准，评价仍将是孤立的、插曲式的活动。

（9）良好的评价能够为学生的学习情况提供大量的反馈信息，教师可以根据这些信息做出决策。

（10）最能反馈学生情况的评价系统包括过去一直使用的多种方法。

英语形成性评价也是为指导教学过程顺利进行而对学生的学习效果和教师教学结果的评价。它为学生指明学习的方向，同时为教师指明教学的方向，使教师更了解学生的学习需要。形成性评价的实施手段和措施多种多样，档案袋评价是其中的一个重要手段。

二、课堂评价内容的选择

所谓评价内容指课堂应该评价什么。课堂教学评价以促进学生的学习达成课堂教学生成性目标为目标，那么，评价就应该包含与学生的学习过程、学习成效等相关的内容。一般来说，课堂教学形成性评价应包括以下内容。

（一）阶段性目标达成

阶段性目标达成一般以学习活动目标达成为表现形式。教师不必将课堂学习过程刻意分成若干阶段，比如阅读教学中的理解阶段、分析阶段、应用阶段等，也没有必要将理解再细分为字面意思理解、推理判断，或者是细节理解、大意理解、隐含之意理解等，只需要关注每个活动的成效即可。

但是，目标具有表现性和生成性。也就是说，即使目标是一致的，答案是唯一的，其表现形式也可能不同。以理解为例，学生可以用语言表达自己的理解，也可以用图片、行为、表情等表达自己的理解。因此，我们也应该关注目标的多种表现形式。而目标的生成性则表示不同的学生可能达成目标的程度不同，在评价时我们应该考虑到学生的差异。

（二）理解过程

能够给出正确答案并不一定代表理解，也不一定代表学生具备某种应用能力。因此课堂教学形成性评价要求教师关注学生的理解过程，或者是学生的认知思维活动。这就需要教师在学生活动时能够注意观察，反馈时可以要求学生解释自己的回答，而这也暗示课堂教学中教师不能只是自己讲解，应该注意设计同伴或者是小组活动。这样教师就可以观察了解每个学生在学习过程中的反应，提供有针对性的指导。反馈时，教师不能只是关注学生的回答是否正确，尤其是不能学生回答正确，师生的交互即告结束。

例如教师要求学生阅读课文，根据客户的需求其选择相应的银行服务。活动中虽然教师让学生两人一组讨论，但开始还是有学生在个体阅读。当老师通过询问了解学生做的情况后，鼓励学生两人一起讨论协商，并要求学生关注原因。在学生集体讨论时，教师能够关注每个小组讨论的进程以及结果，给予适当的指导。反馈时教师要求学生解释自己是如何选择的，是根据课文中的什么信息确定的。当学生利用现实生活的例子解释时，教师能够引导学生关注课文的信息，鼓励学生用课文中的信息解释，引导学生关注课文的相关细节。通过这种诊断式问答，教师也能了解到学生是否真正理解了课文。由此可见，要求学生解释自己的回答是一种有效的诊断学生是否真正理解的方式，同时教师通过反馈促进了学生的理解。

（三）学习过程

这里所说的学习过程不是指学生的认知思维过程，而是指学生课堂中的参与。教师有必要观察学生在课堂学习过程中的反应，是在参与活动，还是在做与学习无关的事情；活动中学生的表现是积极、活跃、富有激情，还是懈怠、懒散和消极；活动进展顺利，还是十分艰难。在活动中学生遇到了什么问题，如何才能解决？虽然示范课上很少能看到学生不参与的现象，但是仍旧可以看到有学生遇到困难的情况。教师有必要诊断其原因，给予有针对性的指导。

即使是小组合作完成任务，教师仍旧可以扮演十分重要的角色。教师通过观察、询问、阅读学生作品等可以对学生的学习过程进行监控、诊断，并提供有针对性的指导。

（四）评价学生的表现

这里所说的表现与目标达成不同，是指学生在完成任务过程中的表现，如小组配合如何，包括学生在任务展示中的表现，如学生的语音语调、热情、礼仪、行为规范；如果是合作任务，还包括学生之间的交互、合作等。学生的表现还包括学生在展示过程中表现出来的进步，这个进步可以是语言方面的，也可以是非语言方面的。比如，学生是否比以往主动，是否不再那么紧张胆怯，声音是否比以前更洪亮、清晰，发音是否更准确悦耳等。可能学生的回答与正确答案不符，但是我们应该肯定学生在其他方面的进步，总之课堂评价有必要将学生的表现纳入评价内容之列。

尽管英语课程以培养学生的语言运用能力为核心目标，但是我们同样必须关注学生在非语言方面的发展。课程也因此把培养学生的自主学习能力、情感态度、文化意识、职业道德的发展视为中职英语课程的目标。在评价学生的表现时，我们有必要关注学生这些非语言表现。例如，教师能够引导学生对银行职员帮助顾客在自动取款机上取款的行为进行评价，要

求学生指出其行为中的不妥之处，体现了对学生职业意识进行评价的评价
理念。

三、课堂评价方式的选择

（一）评价活动

评价有外置和内嵌之分。外置式评价是在学习之外所附加的专门用于
评价课堂学习效果或学习过程的活动，而内嵌式评价指的是学习活动与评
价活动整合，学习即评价，评价在学习之中发生，作为学习的一部分。因
此，学习活动的设计在课堂教学中也就起着十分重要的作用。

本书侧重的是评价的开展，因此不对活动的设计做具体详细的介绍。
这里只是提示在设计中职课堂教学活动时必须注意的几点。

1. 必须注意场景的设计

中职英语课程以培养学生生活和职业场景中的应用能力为目标，在课
堂教学中无论是知识的呈现、训练与应用，还是技能的训练和应用，都应
该在具体的生活或职业场景中进行。比如，与银行业务有关的课文听、说
与阅读不仅可以设置银行服务的场景，如果有条件还可以在实训室里
进行。

但是，教材的话题繁多，学校不可能拥有所有行业的实训室，这时教
师可以利用多媒体技术，或者是实物创设场景。比如与购物有关的听说与
阅读就可以把教室临时布置成超市、服装店等；与就餐有关的话题，可以
把座椅按照饭店的方式摆放，营造一个类似于饭店就餐的环境。

场景设置的方式很多，未必都是图片、实物、视频等，也未必非要利
用现代化的信息技术。教师可以利用问题虚拟问题情景，开展基于问题的
或基于情景的教学。比如，教师通过虚拟外教 Mr. Green 要来学校听课参观
不知道如何走的情境，提出了本节课要解决的问题，使得整个一节课听说
活动的开展都围绕为 Mr. Green 指路这个问题展开，充分体现了中职英语的

教学理念。

2. 必须注意学生在活动中的角色

课堂学习中，学生的角色自然是学生。而在大部分课堂上，学生也只是学生。他们必须按照教师的要求回答问题，做各种词汇、语法的训练活动等。但是，学生可能对英语并不感兴趣，也不想学习英语，看不到英语的价值，感受不到英语在现实生活或工作中的应用性。在课堂学习中，我们可以赋予学生不同的角色，如医生、饭店服务员、超市营业员、机场安检人员、银行工作人员……学生因为角色的要求能有目的地听，有目的地读，有目的地说，创造真实的交际机会，只有这样才可能有真正的语言运用，也才能培养自己的语言运用能力。

但是，角色并不只是表现为口语活动中的角色扮演，也不只存在于任务中小组成员的不同责任。即使是通过简单的听或读获取信息，也建议学生以某种角色去听、去读。如果没有角色，学生只是常规地阅读提取信息。但是，如果我们虚拟一个情境，给学生角色，就会取得很好的效果。

3. 必须注意活动的实践性与任务性

所谓实践性指学生要用英语来做事，比如学生合作制作招聘广告，学生为 Mr. Green 指路，学生扮演银行职员与顾客，银行职员指导顾客在自动取款机上取款。即使是词汇和语法教学，同样可以设计实践性活动。

任务性活动要求学生以小组为单位，每个人有不同的角色，大家通过合作协商完成一个任务。课堂学习中很多活动都可以具有任务性，只要给学生分配合适的角色，要求学生做一件他们在现实生活中或工作中可能要做的事情就可以。比如，学生可以去宾馆预订房间、预订机票、到银行取款等。

4. 必须关注学习者的多元差异

中职学生在认知、学习风格、学习兴趣、学习能力、语言基础等方面存在很大差异。学生的不同智能优势也要求课堂学习活动形式多元化，而同一认知层次的不同表现形式也给活动的多样性提供了方便。比如，如果我们要评价学生是否理解，可以采用回答问题的形式，可以采用填图填表的形式，也可以让学生用图、表、行为等表示。如果我们能再结合现实生活中各种能力的表现形式，就不难设计出符合学生多元需求的学习活动和评价活动。

5. 必须注意活动的认知要求

学习目标可以分为知识、领会、应用、分析、综合、评价和创造等层次，而不同的学习目标需要不同的活动支撑。课堂教学中的学习活动也因此包含从知识到评价几个层次。

知识指对具体事物和普遍原理的回忆，或对方法和过程的回忆，或对一种模式、结构或框架的回忆。在中职英语课堂学习中表现为听力和阅读中信息的再现，但是，信息再现不等于理解。

我们常说的理解即布鲁姆教育目标分类学中的领会（comprehension）。理解（领会）主要体现为三种行为：转化、解释和推理。所谓转化是指把一种交流形式转化为另一种交流形式，比如把文本符号转化为非文本符号，如图表、行为、表情等。也可以是从一种言语形式转化为另一种言语形式，如把隐喻、象征、反语、夸张等手法转换成普通语言等，甚至可以是翻译。如果学生能够用行为、图片等呈现其对听力或者阅读的理解，那么就是真正的理解。所以，请学生识别图片判断Sarah点的什么菜属于理解范畴，而只是重复a beef steak不代表理解。

另外一种我们比较熟悉的理解表现形式是推理判断。学生能够读出言外之意，当然属于理解。学生能够根据听到或者读到的信息进行推理判断，从具体到一般进行概括，或者是从一般到具体进行演绎等，都属于理解的范畴。

如果是词汇和语法教学，老师自然可以理解什么是应用。根据应用的要求，教学中教师必须设计新的语境。如果采用的是与学生学习时同样的情景，那么所训练或评价的不是学生的运用能力，而是学生的"知识"能力，因为它只需要学生回忆。新的情景可以是虚构的，可以是从学生不可能接触到的材料中引申出来的，也可以是学生所了解的，但又有学生想象不到的新意。

设计课堂活动时要注意每个阶段活动的认知需求。以阅读为例，字面理解一般在前，推理分析在后，应用最后。即使是理解，也应该注意有没有语言输出要求，没有语言输出要求的在前，如判断正误、识别图片、行为等；有语言输出要求的在后，如回答问题、填写表格等。此外，也应该关注评价活动的认知需求。

（二）评价信息采集方式

任何评价都是基于信息的推理过程，信息采集也因此在评价中起着十分重要的作用。就课堂评价而言，一般我们会采用如下方式采集信息：

1. 课堂观察

课堂观察是教师获取评价信息最直接、最简便易行的方式，没有哪位教师不做课堂观察。但是，课堂观察要观察什么，如何观察呢？

课堂观察一般都是执教教师的行为。课堂观察的目的在于诊断学生的学习行为、学习过程和学习效果，为有效开展课堂教学提供支撑。

课堂观察区分为日常教学观察和出于特定目的的观察。出于特定目的开展的观察常聚焦课堂教学的某一点，比如观察可以聚焦教师的课堂媒介转码问题、教师的提问策略、反馈方式，可以聚焦学生在合作学习中的表现等。而日常教学观察则不同，其是用于课堂评价的观察，那么教师就要关注课堂上发生的一切，包括学生的参与、配合和任务完成情况，以及完成任务过程中有什么地方需要帮助等。一般情况下，人们的注意力容易被一些异常现象所吸引，比如有的学生不参与（尤其是在做小动作）、有的学生表现出畏难情绪、个别小组活动做不下去，或是活动已经开始一段时间，而有的学生还没有开始行动等。但是，就课堂观察而言，我们还必须关注那些成绩不错、表现也不错的学生，关注他们的需求。

2. 师生交互

师生交互或师生对话是教师获取学生学习状况比较有效的一种方式。课堂教学中教师要利用每次与学生对话的机会，掌握能够揭示学生学习状况的信息。

不同的课堂，不同的交际目的，交互的内容与方式也不同。教师通过交互诊断出学生不理解之处，然后给予适当的解释，促进学生的思维发展。交互的关键在于教师能够"ask follow-up questions"，即在学生回答完之后追问（probe）。通常情况下，教师与学生的交互多是表层的IRE（Initiation Response Evaluation）互动模式，即教师发起，学生回应，教师评价。而研究发现，三段式交互模式中的第三话轮对于学生的知识学习和能力发展，对提高课堂效率具有积极的促进作用。第三话轮有规范语言、澄清意义、教学评价、发展学生话语的作用。

（三）问卷

问卷作为一种外置式评价方式一般用在课堂结束时，很少用于课堂教学过程之中。用于课堂教学的评价问卷一般不必像研究用的问卷那样正式，可以是几个简单的问题（有选项或没有选项），可以采用五级量表，也可以采用"yes or no"的方式。但是，如果用于课堂评价，教师就必须明确评价的目的是什么，是对学生课堂参与的评价，还是学习效果的评价，是用于学生自我评价，还是学生互评。

（四）反馈

反馈是教师向学生传达评价信息最为直接的方式，反馈的内容、形式与时机等在某种程度上决定着学生的学习效果。

反馈应该是针对学生的任务完成情况所做出的反馈，是将学生的作品与标准、量规、样例、例子或者成功的标准进行比较，指出他们学习中的哪些部分（产品、过程和表现）达到了质量标准的要求，哪里还需要改进。这就要求反馈不仅要关注学生任务完成的情况，同时还必须关注任务完成的过程，关注学生在完成任务的过程中所用的学习策略等。

但是，在课堂教学中我们也会经常听到类似"你真棒！"和"你是个聪明的学生！"之类的反馈。这种反馈指向性不强，缺乏应有的针对性和描述性。研究发现，关于任务的反馈和任务过程的反馈对学生的帮助最大，对学生自我调节学习的反馈也能起到良好的作用。课堂教学也因此应该保证反馈的描述性、针对性和具体性。

四、课堂评价主体的选择

（一）让学生成为评价的主人

学生是学习的主体，只有学生最了解自己的学习。在学生听讲时，教师通过学生的表现所做出的判断很可能是错误的。要真正让学生成为学习的主人，就应该让学生承担起评价的责任，让学生参与评价。

有时，为了营造一种氛围，提升课堂效果，教师会利用现代化信息技术，把评价最终裁决权留给机器。比如，某位教师借助卡通机器小熊猫进行对学生写作进行评价，采用的是外部评价方式。由于教师的事先设计，小熊猫对学生写作做出的评价是由 bad、not bad 到 excellent。但是，课堂教学中教师是先让学生自己，对教师通过实物投影仪展示的学生写作进行评价，问"好"与"不好"。第二稿时学生都说"好"，但是教师还是点击小熊猫。当小熊猫给出"not bad"时，可以听到学生的叹息声。这就是预设外部评价的坏处。

评价是参照一定的标准所做的价值判断。教师的预设的确用心良苦。但是，写作是一个过程，第二稿时学生有进步，比上一稿好，应该是不错了。我们不能总是用终稿的评价标准进行评价。其实，不同的阶段应该有不同的标准。

（二）养成学生自我评价的意识

只有当学生参与评价才能成为评价的主体，成为自己学习的主人。很多学生没有评价的意识，只是静静地听讲，听不懂或者感到任务有难度就干脆放弃，而不评价一下自己有什么地方需要帮助，什么在影响自己的学习，从而寻求帮助以解决问题。在课堂教学中，我们可以鼓励学生在听不懂时主动提问，在看不懂时主动向同学请教。而开展显性的自评、互评则是培养学生评价意识的有效方式。教师要引导学生评价。

　　培养学生自我评价的方式很多，《英语1（基础模块）》（高教版）中每个单元最后的self-check可以帮助学生自我评价；写作中的peer review可以培养学生的评价意识；要求学生对其他同学的回答、表演等进行评价同样可以培养学生的评价意识；给学生提供一个自评表，要求学生根据自评表对自己的表现自评同样可以培养学生的评价意识。而当学生回答问题、角色扮演、小组展示时，如果能给其他学生评价的任务，则有助于避免发生学生不听、不参与现象。

（三）充分发挥学生自评互评的作用

　　在单元结束时，教师或是采用小测验检测学生单元目标达成情况，或是对学生的回答给出yes / no、good、excellent等的判断。这种评价缺乏应有的指向性、导向性，提供的信息不够，难以促进学生的学习。要使评价真正起到诊断、促进、激励等功能，有必要发挥学生的主体作用，开展自评和互评。比如很多教师都会在课堂结束时让学生开展自评，有的利用五级量表的方式，也有的侧重学生的进步。

　　在课堂教学过程中，每个活动后学生之间的自评与互评更为重要。有时，问题相对简单，有固定答案，教师就可以展示答案，学生自己核对，在学生自评时教师可以通过观察了解学生的作答情况。如果问题稍微复杂，尤其是学生可能会有不同的解读时，就可以先让学生独自完成，然后学生同伴或小组讨论。这既是一个学习过程，同时也是一个评价过程。学生通过彼此核对完成了互评，同时也完成了自我评价。

（四）协调教师评价与学生评价的关系

　　一说到学生作为评价的主体，大家自然想到学生自评与互评。但是，一味地采用学生自评或互评也未必能达到评价的目的。即使明确了评价标准，由于自身的知识与能力问题，尤其是评价能力等方面的影响，学生很难做出科学的评价。学生的自评和互评也只能是评价的一部分，教师有必要在学生评价的基础上再评价。如果课堂上只有学生评价，而没有教师评价，学生有可能无法真正规范语法、逻辑，规范的缺乏也会使学生缺少安全感。

教师在评价时要注意评价的鼓励性。以任务活动为例，比如海报制作。学生有必要了解海报的结构、应该包含的内容、应该使用的语言。所以，在活动前教师就必须明确这些要求，在评价时同样要从这几方面对学生的作品进行评价。在学生的评价之后，教师可以通过对不同作品的不同侧重让学生感知一份好的海报应该具备的特征。教师在最后对各种学生所做的银行自助服务海报进行评价时，分别对不同小组同学的作品给出不同的肯定，这对学生以后制作海报或者宣传小册子都具有十分重要的意义。

五、电子档案袋评价

（一）电子档案袋（E-Portfolio）评价的内涵

档案袋评价也叫作成长记录袋评价，是指在某过程中为达到某个目的而有组织地呈现所收集的相关资料，是以档案袋为依据而对学生进行客观的、综合性的评价。档案袋评价可以对学生进行多样化的评价，也呈现出了学生成长历程的重要方面。电子档案袋评价是在信息技术教学中采用电子档案袋评价，能真实地记录学生在信息技术学习过程中的成长足迹，督促学生经常自我评价，反思学习方法，培养学习的自主性和自信心，促进综合素质的发展。通过这些资料，可以展示事情的进展过程或者个人的成长经历，客观而形象地反映出学生某方面的进步、成就及其问题，以增强学生的自信心，提高学生自我评价、自我反省的能力。档案袋的概念最初来源于美术领域，画家使用档案袋收集他们有代表性的作品。将它用在教育情境中，能记录学生的成长过程，展示学生学习的进步状况，促进学生自主发展。

20世纪80年代，美国教育学家杜威提出了以学生为中心的教育理论，档案袋评价随之引起了教育学家的高度关注。档案袋作为评价的工具，由学生和教师有组织、有系统地收集学生有代表性的作品并进行分类归档，以展示学生的知识、技能和态度的成长过程。根据不同的教育目标和课程安排，放入档案袋中的材料可以包括很多类型，所选材料要既能体现学生的学业水平，又能反映出学生为达到这一目标所经历的过程和所做出的努力。如：学生自己、教师或同伴做出评价的有关资料，学生的学习情况、学习经验、作品、反思、其他相关证据、数据与材料等。

形成性评价可以采用学习活动、检测表、电子档案袋等形式，终结性评价可采用实践任务、水平测试或学业测试等形式。基于英语学科核心素养的教学评价应以形成性评价为主，终结性评价为辅，既关注结果，又注重过程，通过过程的监控促成课程目标的达成。

（二）电子档案袋评价的特点和意义

档案袋评价强调的是对学生学习过程的评价，是一个展示整个过程中的进步的系统性尝试，旨在通过让学生参与建立自己的学习档案，培养其学习责任感，推动其积极主动地组织和反思自己的学习行为，促进和提高自我评价及自我尊重，同时又客观、动态地从发展的角度反映学生综合的学习情况。

电子档案袋评价的主要特点可归纳为如下几点：（1）是基于现代信息技术的学习档案专袋评价，具有开放性、形成性、真实性、综合性和系统性的特点；（2）是学习者独立思考和创新学习活动，具有学生自主性创作和创新性思维构思的特点；（3）把学生看作一个全面发展的人，具有明显的人文性特征；（4）其收集的材料和数据能做到比较全面、系统、详细、真实，能够真实地反映学生课堂内外的学习发展情况，评价具有真实性；（5）评价主体多元化，评价角度多元化，评价具有多元性，不仅包括知识、技能方面的内容，还包括非智力方面的因素以及学生的学习过程、学习方法等多方面的内容。电子档案袋评价的一个主要价值，在于允许学生学会自己判断自己的进步。学生清楚地知道对他们的期望是什么。这些有代表性的、经过学生自己选择的学习成果或作品，能展示学生学习探索、努力、进步、反思和达成目标与成就的历程。

学习档案的意义不在于成绩的简单记录，而在于让学生不断地看到自己学习过程的具体情况，及时总结经验和教训，不断地自我监控和反思，及时调整学习计划，确立新的学习目标。一方面使学生成为学习评价过程中的积极参与者，让学生对自己的学习负起责任，使学习成为学习者能力自我发展的过程，让学生养成自我教育的习惯。另一方面它又可以为学校、社会、家庭展示多元的评价素材，帮助教师与家长多角度、全方位动态地考查每一个学生，使评价更全面和具体。

（三）电子档案袋评价的应用

电子档案袋评价作为一种新颖的教学评价方式，给学生提供了平等的表现机会，在中职英语教学中实施应用是有必要的，也是行之有效的。实施电子档案袋评价及时记录学生的各种尝试和体验，如实反映学生在英语学习中的表现，能反映学生在实现某个学习目标方面所取得的进步。通常，设计档案袋的步骤可以包括以下几个方面：

1. 明确评价目的

让学生对档案袋感兴趣，让学生自身明白自己是英语电子档案袋的主要参与者。评价的不仅是考试成绩，还包括学习过程评价，让学生有意识地注意自己各方面的表现，并看到自己的纵向成长。如通过对比某一学生的几次作业，用其不断的进步说明档案袋的意义，从而引发学生产生实施的欲望。

2. 确定评价目标

在确定使用电子档案袋评价之前，需确定教学目标。教师应该明确自己的教学目标，同时要求每个学生制订自己的长期目标和短期目标，制订电子档案袋评价的详细计划及过程管理模式，以便使评价围绕目标进行且能促进英语教学质量的提升。

3. 确定评价内容

学生档案袋的建立既要全面、系统地反映学生的成长过程，也要体现不同学生的个体差异。档案袋的内容可以灵活多样，只要学生认为能体现其学习过程和进步状况的作品都可以收入档案袋。袋内存放的材料可由教师指定，也可由学生自己选择，还可由教师和学生沟通后选定，但要让学生有更大的主动权，学生应是主要决策者。档案袋的基本成分是学生作品，但也会包括对学生完成作品过程的描述和记录，还包括学生本人、教师、同伴和家长对作品的评价。

为了使档案袋更好地发挥评价作用，教师可以根据自己的教学计划，在学期初向学生说明本学期收集的内容、评分标准，同时指导学生对收集的作品进行分类，明确要求。档案袋的内容可以包括课内学习情况记录和课外学习情况记录。

课内学习情况记录。可以包括：学生每一节英语课的学习记录表，包括参与回答问题的积极性、准确性以及课堂表演；每一课的归纳复习、单词归类小结、自编对话、学习体会；每次的小测验、考试后的小结；自己满意的试卷、作业、朗读或口语录音带以及学生对自己学习情况的反思；小组内成员之间的评价；学生本人对自己的评价；教师的评语；等等。

课外学习情况记录。可以包括小作文、小对话、报纸剪辑、自编练习、自编英文小报、在家学习情况记录、课外阅读材料及读书笔记、课外资料收集、考察报告、调查报告、最喜欢的故事、英语手工制品、参加各种英语活动（如英语短剧、英语竞赛、英语角等）的凭证等。

4. 制订评分细则

由于档案袋中主要是学生习作，所以要制订评分细则。改变传统的师评为学生自评、互评和师评的综合性评价体系。经常组织学生讨论、交流，让学生对档案袋评价提出问题，发表自己的感想，让学生在不断交流与分享的过程中享受自己成长与发展的快乐、自豪和奋发向上的决心，同时也可从交流中吸取他人之长，不断改进自己的档案袋。教师要对学生的档案袋进行个别指导，并写出评语，以便学生更加清楚地领会档案袋的制作方式和评价方法。

　　档案袋评价是师生"实践—反思—发展"的过程，有利于提高学生的英语学习兴趣、活跃课堂气氛，对学生的参与意识、合作精神、认知水平、分析和探究问题以及表达交流等英语实际应用能力具有一定的促进作用。教师应站在学生发展的角度来评价学生，把评价定位在激励学生的进步上，建立开放、宽松的评价氛围，鼓励学生进行自我评价、合作评价，从评价中不断体验进步与成功，认识自我、树立自信，有效地调控自己的学习过程，并促进综合运用语言能力的全面发展。当然，档案袋评价操作过程中还存在问题，如何提高评价的信度和效度还有待我们进一步探索和研究。

第四章

———

中职英语终结性评价

第一节

终结性评价的选择

终结性评价是对课堂教学的达成结果进行恰当的评价，在完成一段学业学习之后对学习成效，即学习目标达成情况所做的价值判断，是依据相关信息对学生是否达成了课程目标所做的推理判断。终结性评价可以是对整个中职阶段学业目标达成情况的评价，可以是对每个学期课程目标达成情况的评价，同样可以是对每一单元、每一节课教学目标达成情况的评价。因此在评价标准、评价内容、评价方式等方面表现出多元性，终结性评价也因此不等于测试。本章将重点介绍终结性评价主体的选择、课堂终结性评价和终结性评价的实施。

一、终结性评价的基本内涵

判断一项评价是否为终结性评价可以从以下几点出发，或者说终结性评价具有以下区别性特征。

1. 终结性评价发生在学习之后

终结性评价总是发生在一段学习之后，可以是整个中职学段，也可以是一个学年、一个学期或一节课之后。中职阶段的结业考试属于终结性评价，期中期末考试以及课堂结束时对整节课教学目标达成的评价均属于终结性评价。

2. 终结性评价是对学业目标达成的评价

学业目标可以是中职课程目标、学期教学目标、课堂教学目标或者课堂教学中的阶段性目标。中职英语的学业目标包括知识学习、技能发展、能力培养以及文化、情感、自主学习能力和职业意识发展等，因此对这诸多内容的任何一项的评价都可以是终结性评价。

3. 终结性评价用于鉴定

终结性评价的目的不是诊断、促进、激励、监控等，而是鉴定目标是否达成，或者是甄别选拔。期中考试是对半学期以来学生学习成效的评价，属于终结性评价的范畴。但是，如果教师只是将其作为一个阶段性测试，用于鉴定目标达成是否，揭示存在的问题，同时为表现不理想的同学提供第二次测试的机会，根据学生的表现调整下半学期的教学设计和教学安排，那么，期中考试也就具备了形成性评价的特征。

二、终结性评价内容的选择

（一）终结性评价的内容

1. 语言知识

虽然中职英语课程不强调学科知识的系统性，而强调学科知识的应用性，但是知识是能力发展的基础。教学不能忽视知识的学习与积累，在学习的某个阶段，也有必要评价学生知识的理解与掌握。如果是期中期末考试，或者是结业考试，则不宜把纯知识作为评价的内容，而是应该侧重知识在具体情境中的运用。

2. 语言技能

听、说、读、写是学生语言运用能力的表现载体，是终结性评价的主要内容。具体评价听、说、读、写的哪些技能需要根据每阶段的学习内容和学习目标而定。如果是结业考试，就需要参照《课程标准》和教材，选择典型的核心技能，比如，阅读中的大意理解、细节识别、推理判断等；如果是单元评价，就要结合具体单元所涉及的听、说、读、写的具体技能。

3. 语言运用能力

中职英语课程要培养的是学生用英语做事的能力、交流的能力、完成生活和工作任务的能力，具体表现为听懂现实生活中广播、通知、任务布置等，听懂对方的说话并与之有效交流；读懂生活中海报、告示、通知、招聘广告、宣传页、使用说明、银行业务介绍等。那么，不论是结业考试、期中期末考试，还是单元评价，中职英语的终结性评价都必须把学生的语言运用能力作为评价的核心内容。

4. 问题解决能力

中职学生在自己未来日常生活和工作中也会面临新的情境，新的疑惑，或新的任务，所以必须具备一定的问题解决能力。中职英语的终结性评价不仅是要测量学生阅读、交流、语言组织等方面的能力，更是测量学生理解所给条件，达成期望目标，完成具体任务的能力。

5. 自主学习能力

自主学习能力的培养是中职英语课程目标之一，中职英语终结性评价应该把学生的自主学习能力作为评价内容之一。我们不是要求学校、教师等在每个阶段的终结性评价中都把学生的自主学习能力作为评价的内容，更不要求教师专门设计自主学习能力评价活动，但是教师必须具有评价意识，关注学生自主学习能力的发展，在学期或者一个阶段的学习结束之后对学生的自主学习能力表现给予评估，以了解学生自主学习能力的发展。

6. 综合素养

中职英语课程把培养学生的情感态度、文化意识和职业道德等作为课程目标。那么，中职英语终结性评价也应该能够解释课程是否培养了学生的情感态度、文化意识和职业道德，所以也必须把学生的综合素养作为评价的内容之一。

与普通高中学生相比，中职学生语言基础相对较低，我们很难通过一年的通用英语教学、一年的职业模块的"选修式"课程极大地提升所有学生的语言应用能力。但是，我们的学生必须具备良好的道德素质、良好的职业素养，必须是合格的公民。中职英语课程是一门公共基础课，而不是短期技能培训的课程，必须把学生的职业道德、文化意识和情感态度作为课程教学目标，中职英语终结性评价也必须能够评价学生的综合素养。

（二）终结性评价内容的选择

1. 孤立与综合

每个学期、每个单元，甚至每节课都会面临庞杂的内容，这些内容是否都要评价？如果作为评价内容，我们是一项一项地孤立评价呢，还是把这些内容综合在一起评价？如果是综合，又该如何综合？这是我们在选择评价内容时必须考虑的问题。

除非是词汇和语法学习结束之后对词汇语法理解进行评价，否则一般我们不赞成对词汇和语法知识进行孤立测评。除非教师计划对某一个单元学习中接触到的文化、策略等专门评价，否则我们也不提倡对策略、情感态度、文化知识进行孤立测评。词汇语法的测评可以采用综合测试的方式，可以与问题解决或任务相结合。而问题解决能力、创新思维能力、职业道德等更是可以通过真实的问题解决和任务完成来检验，非语言素养的测评可以与语言运用能力和问题解决能力测评一起进行。教师有必要分辨哪些知识与能力适合孤立测评，哪些可以通过综合测试进行评估。

2. 主体与附带

所谓主体与附带，指的是哪些知识与能力应该作为测量的主要内容或评价的主要目标，哪些可以通过主体内容的测量得到评估。就中职英语终结性评价而言，听力、阅读、写作词汇和语法、问题解决能力、综合语言运用能力都可以作为评价的主体内容，而学生的情感态度、文化意识、职业道德，甚至是创新思维能力、沟通能力、观察能力等应该作为附带内容进行评价。

作为主体评价内容的项目在评价中需要设计专项评价活动，附带评价内容的项目可以不用设计专门的评价活动，在具体评价时也以不作为主体内容进行分析解释。但是，如果我们需要对此解读分析，就要能够从学生的表现中推断出来，这就要求教师在设计综合任务时考虑附带内容的评价。

三、终结性评价任务的选择

不同的评价内容对评价方式的要求不同，即使是同一评价内容，也会有多种评价方式。只有评价方式匹配得当，才能保证评价活动能够解释评价内容。但是，不同的任务[①]形式评价的具体内容不同。终结性评价方式的选择与设计也因此就成为终结性评价的核心问题。

（一）选择适合的评价任务类型

评价任务可分为选择性评价任务和表现性评价任务。选择性评价任务结构严谨，有客观的评价标准，答案固定，要求学生从备选项中选择正确答案，或是排序，或是完成句子，或是图表填充等，都是有唯一正确答案的题目。而表现性评价任务可能需要学生操作、观察、描述或论述等，没有最佳答案或唯一的答案，属于主观评价任务[②]。

虽然选择性评价任务评分客观，易于操作，便于数据分析，尤其适用于大规模测试。但是，选择性题目为学生提供了一个结构性的任务，规定了学生反应的类型。因此选择性评价任务无法测量学生阐述问题及解决问题方法的能力，以及选择、组织并整合观点的能力。要测量这些学习成果，就必须依靠表现性评价任务。表现性评价任务中学生可以自由确定他们认为相关的信息，表现性评价任务所提供的自由度使得学生能够展现一些重要的技能，如问题解决、设计、组织、整合以及创造性。与选择性活动相比，表现性活动或任务提供了更贴近现实情境中观察学生表现的机会，比较适合评价学生在生活和职场中的语言应用能力和综合素养。

[①] 但是这里所说的"任务"与我们常说的完成现实生活和工作中的"任务"不同，与"任务型教学"或"任务驱动教学"中的"任务"不同，用于泛指评价活动或者测试中的题目。

[②] 泛指所有包含输出行为的测试任务。

（二）根据预期成果选择评价任务

不论是结业评价、学期评价还是课堂评价，都有具体的教学目标或学习目标和预期成果。只有测试题目或评价任务与我们要测量的具体学习成果一致时，我们才能保证基于证据所做推理的正确性。

比如：如果预期学习成果是学生能够听懂顾客点菜，那么就可以要求学生在所给图片前打钩；如果预期学习成果是学生能够在饭店为顾客服务，就需要给定情境，要求学生用角色扮演的方式，按照一定要求完成点菜服务；如果预期学习成果是学生能够为顾客推荐饭店，就可以为其提供几家饭店的情况描述，给出顾客的要求，学生阅读饭店介绍和顾客要求后帮助顾客选择符合要求的饭店。

（三）减少妨碍表现的无关因素

评价必须保证影响学生在评价中表现的唯一因素是所测量的内容，而不是其他因素。如果是因为我们的指令不清楚，或者指令语言太难学生没有看懂，造成学生无法正确回答，评价就失去了应有的效度与公平。如果问题回答需要学生具备相应的图式知识、语言基础，而这些又不是我们要测量的内容，当学生因为缺少相关图式知识或语言基础而无法正确回答问题时，评价就不能为我们提供应有的证据，我们所做的判断必然是错误的，评价也是无效的，并且对学生来说也是不公平的。

要减少无关的影响因素，首先，我们必须确保所有学生都具备回答问题所需要的前提知识与能力。以阅读理解为例，阅读文本中不能出现学生还没有学过的语法项目，不能出现根据上下文无法猜测却对理解至关重要的生词，必须保证材料对所有的学生来说都是未知的。其次，要避免模棱两可的陈述，保证评价任务的要求不会有任何曲解。在设计任务情境时应该注意避免种族、民族、性别等方面的歧视，比如不能总是把男性置于经理、主管、专业人士的角色，而女性总是家庭主妇、教师、护士等角色。

四、终结性评价主体的选择

传统的终结性评价的施评者都是教师或外部机构，如学校、市教研室、教育行政部门等官方机构，评价的目的在于甄别、选拔或发放证书（如毕业证、结业证、资格证、获奖证书等）。但是，即使是终结性评价，评价的主体同样应该多元。根据中职英语的课程要求和评价要求，中职英语的评价主体除传统的教师及行政机构外还应该包括社会与家长等。

1. 提供社会实践的部门

如果我们把学生在社会实践中的表现作为终结性评价的数据来源之一，就可以邀请提供实践的相关部门，尤其是参与学生实践的相关人士进行评价。因为，他们作为参与者有机会与学生一起做事，或者是观察学生的各种表现，也因此更有资格对学生进行评价。

2. 负责顶岗实习的部门

很多学校在探索中职英语评价机制时都尝试着将社会评价纳入评价体系，将学生在顶岗实习期间的部门负责人，甚至是参与管理学生实习的相关人士作为评价主体。与普通高中教育不同，中职阶段都有合计一年的顶岗实习时间（有的学校会将三年中的一年单独用作顶岗实习，有的学校则分散到整个职业高中的三年之中）。在学生实习期间，实习部门的相关人士掌握有关学生表现的第一手资料，他们更有资格，也应该作为评价主体对学生进行评价。根据终结性评价的需求，实习部门可以对学生的价值观、职业意识、文化素养，乃至英语的阅读、交际、问题解决能力等做出评价。

3. 家长

家长同样可以作为评价的主体。虽然我们很难要求家长对学生的语言能力给出客观的评价，但是家长同样可以看到自己孩子的变化，看到自己孩子的进步。家长可以根据孩子在家里的表现、完成课程作业的情况、交流中所反映的学习状态对孩子给出评价。当然，就家长作为评价主体而言，对形成性评价或对学校教学的评价可能更有意义。

4. 学生

终结性评价中，我们很少将学生作为评价的主体。其实，在课堂评价以及单元评价中，我们可以组织学生自评、互评，关键是必须向学生明确评价的标准和目标。终结性评价中学生的自评和互评可以帮助学生再次明确成功的标准，感知成功的喜悦，同时也可以了解自己的不足，为日后的发展提供支撑。

第二节

课堂终结性评价

　　课堂评价是任课教师在教学过程中，为促进学生学习和改善教师教学而实施的对学生的学习过程和结果的评价。由于课堂评价的焦点是学生的学习与发展，教师对评价过程和结果关注的目的在于促进学生的学习，完善自己的教学设计，提高教学质量，因此课堂评价往往被定位为形成性评价。其实，课堂结束时对课堂教学目标达成情况的评价属于终结性评价范畴，并且由于其可以用于帮助教师完善接下来的教学设计，所以同时具有形成性评价的特征。本节将从评价目标、评价内容等方面介绍如何开展课堂终结性评价。

一、课堂终结性评价目标的确定

（一）从内容标准到表现标准

　　课堂评价是基于标准的评价，其中内容标准规定课堂具体要教什么，学生要学习什么，表现标准则具体说明学生要学到什么程度。在描述评价目标时，首先必须列出每节课的学习内容，然后基于学习内容分析和学习者分析确定一节课可以达成的目标，即我们希望学生做到什么程度。这一表现性目标也就构成课堂终结性评价的评价目标。

　　比如，上阅读课时，我们首先要分析文章的语用特征，学生学习这一篇文章的目的是什么，学习的过程中会有什么困难，通过一节课的学习能够达到什么目标。这涉及三方面的内容，一是阅读文本分析，二是学习者分析，三是教材活动分析，同时我们还必须参照中职英语的课程目标和教学要求。

比如阅读文章介绍的是在悉尼的"两日游"计划，其中第一人称的使用给读者一种亲近的感觉，阅读时感觉就像听导游在介绍旅游的安排，文章也因此具有口语体特征。对于这种生活化的文本，阅读的目的显然是了解旅游的计划安排。但是，就课程学习而言学生学习此篇课文除提取信息以外，还能够了解旅游计划的介绍方式。对于基础较好的同学，我们希望他们能够模仿课文为某些游客制订旅游计划。

从文本理解的角度出发，学生需具备一定的语言意识，了解文章中地名的读音，否则陌生的地名会引起焦虑，影响学生的阅读。另外，学生需要具备一定的地理图式，了解悉尼各景点的地理位置。但是，这不是学习的内容，而是学习的基础，也就不构成教学目标和评价目标。

学生要了解旅游计划的介绍就需要理解计划介绍中的时间线索，因此，文章中的时间表达方式不仅是学生获取信息的基础，也是学生必须掌握的内容。那么，我们就要分析学生是否了解如下表达方式：

When we come back，...

Once you are in Sydney，...

In the morning，... In the afternoon，... In the early evening，... When we climb to the top of the bridge，...

如果学生的基础尚可，这些时间表达方式应该不构成阅读障碍，但是即使本单元的语法项目是时间状语从句，也不宜把 once 和 when 作为一个语法项目学习，因为阅读课的目标不是学习语法，而是培养阅读能力。

明确这些内容后，就可以拟订一节课的阅读目标。本次课程的教学目标可以包括阅读目标和情感态度目标。阅读目标可以是：

（1）能够识别旅游的具体时间安排，能够识别每个时间到哪个景点。

（2）能够说出旅游计划介绍的逻辑方式，包括导语、结束语、时间线索等。

（3）能够根据提示模仿拟订旅游计划。

而情感态度目标可以是：

（1）介绍旅游计划时态度和蔼，有亲和力。

（2）能表现出对游客的关心。

（二）选择核心目标作为评价目标

每节课都会有若干学习目标，很多教师在描述课堂教学目标时也多会包含知识目标、能力目标、情感态度目标、过程与方法目标、文化目标、职业素养目标等。课堂结束时的终结性评价必须区分哪些是重要的，哪些是次要的，哪些是终极目标，哪些是阶段性或基础性目标。切记评价目标数量适中，并且是核心目标，这远比测量繁多的东西要有价值得多。

就上面的阅读课程而言，其核心目标应该是阅读目标，阅读目标中的核心目标应该是获取信息和模仿拟订旅游计划。那么，制订评价目标时就可以聚焦这两项目标，而不是所有目标。

（三）保证目标的可测量性

不是所有的课堂教学目标都是可以测量的，有很多目标不易测量，比如学生的自主学习能力、情感态度、职业素养等，就很难有一个统一的标准作为评价的依据。因此，教师在设置评价目标时也应关注目标可测量的程度，选择适当的评价方式。

（四）关注目标的认知层次

教学目标在认知上可以分为知识、理解、应用、分析、综合、评价等层次。不同层次的目标难度不同，测量方式也不一样。即使是同一认知层次的目标表现形式也会多种多样。在确定评价目标时，我们必须关注评价目标的认知层次。以上面的阅读为例，识别旅游计划（包括时间和景点的安排）属于最基本的知识层次，而要求学生模仿为游客拟订旅游计划则属于应用层次，因为学生需要运用学习到的语言、旅游计划的描写逻辑和时间描述语。

（五）保证目标是可以达到的

实际的课堂教学中，常会出现预定目标达不成的现象。有时，原因不是学生的水平不到，而是设计目标时教师没有考虑到要达成这一目标学生需要具备的知识基础和语言能力，没有考虑课堂教学能否为同学们提供这方面的准备。设定评价目标时教师必须保证目标是可以达成的。

比如，教师基于《英语1（基础模块）》（高教版）Unit 8 "How Can I Get to the Nearest Bank?"听说部分设计了评价活动。由于评价活动中所需要的表示左右转和直行等表达方式在前面听说活动中都已经得到充分的训练，所以给学生提供新的语境要求学生完成指路任务这一评价目标具有可操作性，没有超出评价活动的要求。

再如对《英语3（基础模块）》（高教版）Unit 8 "Apartment Safety"，教师采用了评价量表，要求学生从词汇、句法、课文阅读和练习完成的情况等方面对自己的表现进行评价。而其post-reading的设计要求学生描述宿舍安全措施，这不仅与学生的生活密切相关，而且由于与课文的apartment safety主题紧密相关，可以达成应用语言的目的，同时还可以评价学生阅读和信息运用的能力。

再比如针对介绍上文中悉尼"两日游"计划的文章，我们可以要求学生介绍一个景点的旅游规划。由于与课文的相关度比较高，评价活动与评价目标匹配比较好。但是，假如把 "What makes a good tour guide?" 作为一个评价活动，教师就很难从学生的表现中了解课堂阅读目标达成的情况。如果将对 "What makes a good tour guide?" 的讨论作为对情感态度目标达成的评价，同样难以达成终结性评价目的，因为我们很难判断学生认识的改变是源于课文的学习。

二、课堂终结性评价内容的选择

课堂终结性评价不受大规模测试的局限，操作灵活，评价内容相对较广，很多在全校性、全区性测试中测量的内容在课堂评价中都可以实施。但是，不是课堂涉及的所有内容都可作为评价内容，评价内容的选择应注意以下几点。

（一）评价内容应该指向终结性教学目标

在设计一堂课的教学时，老师们都会描述一节课的教学内容，也都会列出教学的重点和难点。那么，应该评价哪些内容呢？

以《英语1（基础模块）》（高教版）Unit 6 "Would you like to order?"中的阅读部分为例，阅读内容是有关三个饭店的位置、饭菜价格的介绍以及Sarah、李晓年和王阳的需求，文章中的比较级是学生理解的基础，同时也是本单元的新语法项目。除此以外，学生还需要了解各种食品的表达以及价格的表达，这同样是阅读的基础，但不是阅读的目标。不过，文章中的核心词语expensive、delicious、salad是学生应该掌握的。同时，本节课还会涉及一些其他食品名词和常用句型，那么这些词汇和句型是否可以作为终结性评价的核心内容呢？

按照中职英语教学设计的要求，语法项目的运用在Language in Use环节处理，语法和食品名词包括delicious、expensive、invite等都不构成本节课的核心目标，尤其是食品名词，因此在终结性评价中可以不将其纳入评价的内容。

由于策略培养是中职英语课程教学的任务之一，教材在编写过程中结合每单元的特点都提示了可以采用的学习策略。本节课阅读部分提示的策略是根据上下文线索猜测词义，这里提出这一阅读策略不是指上下文词义猜测策略，而是指根据上下文（结合菜谱）理解比较级和最高级所表达的含义。教师在教学中也应该引导学生通过菜谱中价格的比较理解表格中的more expensive和most expensive，而不是采用直接讲解的方式。这是学生应该掌握的一个阅读策略，但是，在终结性评价时同样可以不作为评价的内容。

（二）评价内容必须具有典型性与代表性

任何评价都是通过学生在某一任务中的表现推断其在类似场景、类似任务中可能具备的能力，如果所选择任务太过狭隘，不够典型，不够有代表性，类推可能性较小，那么，基于学生在该任务中的表现所做的推断就难以反映学生的真实水平。因此，不管是什么评价，保证所选内容的典型性、代表性与类推性十分重要，关系着评价的效度与信度。课堂教学终结性评价关系着能否诊断学生的真实水平，从而为下一节课的教学设计提供有力支撑，评价内容的选择也因此同样需要引起教师的重视，尤其是涉及词汇的理解与运用时。

以前面提到的介绍悉尼"两日游"计划的文章为例，悉尼景点的地名显然是没有必要评价的，而上面 Unit 6 "Would you like to order"中的食品单词也可以不作为评价内容（尽管有些食品单词是十分常用的）。第二册的"Tell me when the pain started"和第三册的"How to open a savings account"，也应该注意避免一些不常用的疾病词语和银行服务词语。就词语而言，评价应该以常用的动词、形容词等实词为主，应该侧重常用的语块[①]和句型。

（三）关注非语言内容

打开每个学校的期中或期末考试试卷就会发现，学校终结性评价侧重对学生知识和技能的评价，而对一些非语言素质很少涉及。所有课程无不把学生情感态度、文化素养、自主学习能力等作为课程目标。那么，既然是课程目标，既然是教师应该通过自己的教学培养的素质，就应该作为评

[①] 语块的概念于20世纪20年代由Jesperson提出，后来有关语块的表述较多，有程式语、词语组块、词块、预制语块等。人们一般认为语块是由连续或非连续的词和其他元素构成的序列，通常由多个词构成，并具有特定的话语功能，作为一个整体存储在记忆中，并且在使用时作为一个整体提取而无须根据语法临时生成。语块范围比较广，从固定的短语、搭配、习语到常用句型等都属于语块的范畴，如"Can me tell me the way to...?""I wonder if..."等都属于语块范畴。

价的内容进行评价。

课堂评价也应该关注学生的非语言素质。不管教师是否将其非语言目标分类，都可以看到其对学生非语言素质的关注，有的关注学生自信力的发展，有的关注学生礼仪和礼貌意识的培养。既然学生情感态度等方面的发展被视为课堂的核心目标之一，对课堂学习目标达成情况的评价就应该将学生的情感态度、文化意识、学习策略等方面的内容作为评价的内容之一。

（四）适当关注学习过程

课堂教学中的形成性评价必须关注学生的学习过程，终结性评价中教师同样可以再次关注学生的学习过程，通过自评的方式让学生反思自己的课堂参与。

如果教师把学习者参与性、学习策略的掌握等作为课堂教学的目标，就可以把学生在学习过程中的表现作为终结性评价的内容之一，在课堂结束时对学生在课堂学习过程的表现进行适当评价。

终结性评价的实施

一、课堂终结性评价活动的设计

（一）明确评价活动与学习活动的关系

在设计课堂终结性评价活动时，首先要考虑是单独设计一个评价活动，还是把评价活动与学习活动相结合。如果是后者，就可以把课堂教学的最后一个活动同时作为评价活动，这时教师必须保证学生的表现能反映课堂教学最核心的终结目标。因为，一个活动很难包含所有的目标，比如过程性目标、情感态度目标、语言知识目标、听说读写技能目标很难在一个活动中体现。这就要求教师仔细分析哪些目标最为重要，并保证设计的活动既能训练某种能力，同时又能评价某种能力。

（二）基于评价目标设计评价活动

评价活动要与课堂评价目标一致。以方位介词为例，如果要评价的是学生对方位的听力理解，可以通过口头指令让学生把物品放到指定的位置，或者让他们根据所听录音在图中标出物品的位置等，或让他们根据提示在房间内找到物品，还可以让他们判断物品的位置是否正确。如果评价对方位的阅读理解，可以给他们提供餐桌上的食品摆放说明，或晚会前房间布置说明，要求学生按要求将物品放好或者在图中标示出每件物品可以放置的地点。这些方式都只是对理解的评价，不涉及语言表述运用。

如果评价目标是"能够描述方位"，那么教师需要先明确是口头描述还是笔头描述，然后设计相应的评价活动。比如，可以给学生一幅图片，一名学生描述，另外一名学生在图片中标示出物品的位置；也可以是要求学生根据所给图片提示，发电子邮件给朋友，告诉他们聚会的具体地点。在设计评价活动时，我们尤其要注意评价活动对语言输出的要求，保证输出的目标是可以达到的。

而假设是对学习过程的评价，则可以利用评价量表或者问卷，请学生判断自己是否认真听讲，与同学们的配合如何，自己在课堂过程中是否遇到什么困难，是如何解决的等。很多教师都喜欢在课堂结束时通过 summary、self-check sheet 等方式引导学生自评。这种自评的方式设计灵活、涵盖面广。比如老师引导学生对课堂所学进行总结，通过提问的方式评价学生是否真正地掌握了课堂所有内容。

再如执教老师两次使用量表评价让学生对同学们设计的 Name Card 进行评价，对课堂活动的参与及完成情况（包括在 brainstorm、jigsaw game 和 name card design 阶段进行评价），并要求评价小组成员在小组任务中的参与度。这体现了评价既关注学习成效又关注过程的理念。

（三）设计真实性评价活动

真实性尤其是相对于生活和职业场景的真实性，是中职英语的课程要求，也应该是中职英语课堂评价的要求之一。

这里所说的真实性不等同于"真实的任务"，但是要求教师设计生活和职业场景，描述期望目标，并且给出完成任务的条件。上面提到的为 Mr. Green 指路就属于真实性的任务。

（四）适度控制形成评价聚焦

活动过于开放则难以评价欲评价的目标。这时，教师可以通过给出选项、设计补全活动等方式聚焦评价的内容。老师编写了两篇短文，将需要使用复合宾语的地方挖空，学生根据上下文提示补全文章。由于空格前只是一个动词，没有提供所要填写信息的任何提示，这样学生就需要根据自己的理解确定要填写的信息，同时需要注意 persuade、invite、remind、keep 的句法结构。由于设计给出了一定的控制，这样就使评价聚焦于 persuade 等动词的应用，保证了评价的效度。

二、不同认知层次的评价活动

在设计课堂教学评价活动时，必须关注课堂目标的认知层次，根据认知层次的要求设计与之匹配的活动。为了教师们更好地理解词汇、语法以及听力和阅读活动的不同认知层次，这里将通过案例展示知识、理解、应用、分析、综合和评价类评价活动。

（一）知识类评价活动

词汇和语法中的知识层次比较容易设计。比如，朗读单词、拼写、单词解释等都属于对学生记忆的考查，属于知识层次的评价活动。再如学生能够说出被动语法的结构，能够给出现在完成时态的构成，甚至能够背诵现在完成时的概念等都属于知识的评价。

听力和阅读中的知识层次活动表现为听力和阅读中信息的记忆。比如能够背诵对话和课文只是记忆能力的表现，回答问题时能够用说话者的语言回答问题并不一定说明学生理解了，有可能只是鹦鹉学舌。

（二）理解类评价活动

理解是评价中最基本的认知要求，如果不能评价学生是否能正确使用词语、语法，至少要评价学生是否理解了语法的语用，否则词汇学习只是记忆几个单词，语法学习也只是背诵一些语法规则。

理解表现为用非文本符号解释文本符号，用另外一种编码解释所听到或读到的编码，或者是推断言外之意。如果听后学生选择的不是英语文本而是图片（文本有可能是原文再现），读后识别的是逻辑顺序，那么评价所测量的就是理解，而不是知识。

理解活动是一种十分容易操作的课堂评价活动。如果我们想评价学生是否理解如何使用ATM取款的指令，就可以让学生听然后按指令要求操作ATM，这是用行为解读语音符号。如果我们检查学生是否听懂对一个人的描述，就可以让其选择人物图像，也可以让其画出人物图像；如果我们要评价学生是否理解实验的操作程序，就可以让其画出操作程序图。这些评价的都是理解层次的能力。

当然，在听力和阅读中，大意理解、推理判断都属于理解的范畴。要求学生回答"What can we infer from the passage?""What does the author/speaker mean/imply?"等，都是在评价学生的理解能力。

（三）应用类评价活动

应用层次的评价多用于词汇和语法，也包括听力和阅读中信息、逻辑以及策略的运用。考试中的写作作为一个综合性测试评价也能评价学生的应用能力。

本章前文所介绍的要求学生模仿悉尼"两日游"撰写北京"一日游"或某地"两日游"计划就属于应用活动。虽然这种活动能够评价学生的语法应用能力，但是，由于其毕竟是一种测试形式，所以在课堂中使用频率不高。在课堂中，我们更提倡通过要求学生做活动进行评价，而不是用测试题。

（四）分析类评价活动

分析能力较容易测量。可以将文章段落顺序打乱，要求学生排列成一个完整的文章；可以将一个段落中的句子打乱，要求学生排列成一个和谐的语篇；可以要求学生将所给段落放入一篇文章中适当的位置；还可以要求学生将某个句子放到段落中适当的位置。这些活动既可以是阅读训练活动，也可以是分析能力评价活动，评价的是学生的逻辑思维能力。

（五）综合类评价活动

认知的综合水平指的是学生能够将不同的元素和成分组合成一个结构连贯的模型。要评价学生的综合能力可以给出若干独立元素，比如一个职位、条件要求、性别、年龄、工作经历等，要求学生按照招聘广告的要求制作招聘广告。在测试中我们很难专门测量某一种综合能力，但是，在课堂评价中完全可以做到这一点。我们也因此希望教师能够利用课堂的优势训练和评价学生的综合能力。

（六）评价类评价活动

评价活动很多，教学中最需要评价的一种评价能力是基于所读文章内部逻辑进行评价的能力。比如，课堂学生通过分析了解到招聘广告的结构逻辑，了解了旅游计划的结构，我们就可以给学生提供另外一个语篇，让学生评价其结构或逻辑是否适当。这是一种比较有意义的评价活动，比较适合在课堂评价中应用。

三、开展学生本位的终结性评价

（一）评价要满足学生的多元需求

1. 满足不同语言基础学生的需求

调查显示，中职学生在语言基础方面的差异比普通高中更大。不同地区、不同学校、同学校不同专业之间差异明显，同一个班级学生的语言基础同样差异明显。有的学生想通过中等职业学校的学习培养自己的应用型能力，掌握一门技术，因此主动走进中职学校。这部分学生中不乏英语基础较好的学生。过去两年的全国职业院校技能大赛中职组职业英语技能赛项也证明了这一点，获奖选手的听说读写能力、语言综合运用能力堪比大学在校学生的水平。同时，有相当一部分中职学生在初中没有打好基础，语言基础相对较低。这就造成还没有开始课程学习，班级内就出现了严重的两极分化。在我们确定评价目标和评价标准时必须考虑到学生的不同语言基础。

要满足语言基础不同的学生的需求，可采用分层评价的方式。比如，课堂最后的产出任务中学生可以根据自己的水平选择A、B、C三个等级的任何一个。教师也要考虑学生的语言基础，采用分层教学的方式，比如在应用环节设计高、中、低三个层次的活动，这体现的就是分层评价的理念。

2. 满足不同认知特征学生的差异性需求

根据加德纳（Gardner）的研究，每名同学都具有至少八种智能，即多元智能，而每个人的智能优势不同，因此评价有必要关注学生在多元智能等认知方面的差异。

学生的不同智能优势折射出不同的认知学习风格。比如，每个班级都可能有整体学习者（global learning）和分析型学习者（analytic learning style），视觉学习（visual learning）、听觉学习（auditory learning）、体验学习（kinesthetic learning）和触觉学习（tactile learning）风格的学习者。一般来说，视觉学习者对视觉信息的感知力比较强，听觉学习者更喜欢通过听进行学习，体验型学习风格的学习者倾向于通过做事来学习，而一些需要动手操作的活动，比如绘画、剪纸、雕塑、手工制作等活动自然为触觉学习者所钟爱。我们在设计教学活动和评价活动时均需要考虑到学生的不同多元智能、不同认知风格。

评价学生是否理解的方式可以很多，比如我们可以给出图片让学生判断谁喜欢什么。这种评价方式比较适合视觉学习者。

我们同样可以让学生到讲台表演，其他学生猜测该学生表演的是谁。表演的同学可以做出玩游戏的动作、摆出唱歌的姿势、拿出下象棋的架势，也可以做出打橄榄球的动作。这种评价活动比较适合动觉学习者和身体运动智能占优势的学习者。

有些语篇的理解本身对空间智能具有一定的要求。学生也许能够理解语言，能够用语言介绍方位以及如何走到目的地，但是未必能够画出行走路线。因为，画出行走路线不仅需要学生具备一定的绘画智能，还要具有较好的空间智能。而由于语篇本身的特点，人们都习惯于让学生在图上标出行走路线。

在对类似文本的阅读进行评价时，我们有必要改变评价方式，可以让学生标示行走路线，同时也应该允许学生口头介绍，甚至是用汉语介绍。教师同样可以在教室用桌椅摆放出上面图中的位置关系，要求学生行走展示。这样就可以适应更多学生的需求。

（二）发挥学生在评价中的主体作用

随着《课程标准》提倡的评价理念为越来越多的一线教师所接受，学生自评和互评得到了越来越多的重视，学生在评价中的主体地位也得到了越来越多的尊重。

教师可以设计自评表、自评问卷，组织学生自评，比如老师首先让学生介绍自己的设计，然后要求学生给出自己的评论，最后让学生投票选出最佳设计。这样教师就可以很好地利用学生自评技术，充分发挥学生的主动性。

第五章

认识信息化教学

第一节

信息化教学资源的开发与建设

　　教学资源是指教师在教学过程中用到的辅助性教学素材、媒体、微课、课件等资源以及学生在学习过程中用到的各种信息。随着信息技术的发展，教学资源从内容数量、媒体种类到其存储、传递和提取信息的方式都发生了巨大的变化，尤其对现行教育体制和教学模式产生了震撼性的影响。教学资源是指那些可以帮助和促进人们学习的信息、技术和环境。学习者可以单独使用这些教学资源的要素，也可以合起来使用。信息化教学环境下中职英语教学资源在课堂教学中的应用，扩展了教学内容，促进了合理地开发、利用、管理教学资源；同时为课堂教学提供了易于获取的信息资源，创造了最大的知识空间，构建了理想的教学环境，使教学内容不再局限于原有的教材与教师有限的知识量，教学手段趋于多样化。

一、认识教学资源

　　随着教学资源概念的进一步扩充，其包含的媒体种类也在增加，成为更加易于获取、易于传播、易于学习的资源。

　　信息化教学资源有如下基本类型：

　　1. 媒体素材。媒体素材是传播教学信息的基本材料单元，可分为文本类素材、图形 / 图像类素材、音频类素材和视频类素材等。

　　2. 试卷。试卷是用于进行多种类型测试的典型成套试题。

　　3. 课件。课件是围绕一个或几个知识点，体现教学策略，实施相对完整教学的软件。课件分为网络版和单机版两种，网络版课件需要能在标准

英语教育的方法可以概括为以下几种。

1. 情境创设法

所谓情境创设法，就是指利用视频播放软件或者动画制作软件，将教师理解的适合教学工作开展的，能够帮助中职生更好地理解相关英语单词、语句和应用的内容，通过设计好的一个画面场景播放出来的教学方式。

2. 语境分析法

所谓语境分析法，就是指利用多媒体播放软件，将同样的一句话放在不同的语境之中，从而帮助学生理解在英语会话中语调的变化给表达带来的影响的教学方式。

3. 立体记忆法

中职生在英语学习中经常遇到一些结构十分复杂难记的"高难度单词"，他们只能通过死记硬背的方式记忆这些单词，但是信息化教学技术的应用就可以帮助其更加快速准确地记忆相关单词。具体来说，为了加强教学的效果，帮助中职生尽快记住英语单词，教师可以通过课件将单词的字母拆成不同含义的其他单词，从而通过单词组合的方式来帮助学生对单词进行记忆。

四、信息技术在中职英语教学中的具体应用

为使教学效果更加有效，英语教学可以使用多媒体互动一体机。比如结合学生人手一部智能手机这一现状，在上课前教师将听力内容用Audition软件转化成MP3格式，让学生下载到他们的手机里，利用课余时间进行自主学习和新课预习。碰到生词或者谚语，学生可用手机上的词典App查阅单词、了解谚语等。

比如针对外研社版《英语基础模块》（预备级）第八单元"How much is it？"这一教学内容，我们从以下六个方面进行了信息化教学设计。

（一）导入

利用一个购物视频和相关问题，引出本课的教学内容"How much is it?"。多媒体互动一体机的使用、情境视频的呈现、Audition软件的引入，比起传统课堂更能给学生提供真实、形象逼真的情境，从而提升他们的兴趣。

（二）呈现新课

由上一个服装购物视频引出"我"要去参加朋友的生日聚会，要买一条漂亮的裙子，从而带领学生走进"服装店"。10幅色彩鲜艳的图片，不仅使学生复习了旧单词，而且引出了要学的新词，继而用填单词游戏的方法，巩固了新旧单词的用法。通过信息化创设教学情境，把死板的知识变成整洁、美观、布局合理、生动形象的图片以及动画，用赏心悦目的色彩、清晰悦耳的声音吸引了学生的注意力，强化了其对所学单词的记忆。

（三）听力

活动一：让学生听对话来选择商品的名称。这个环节的设计集文字、图像、声音于一体。选取和下载适当的图片，将教学内容生动形象地呈现给学生，构成一个立体式的英语学习环境。活动二：完成听力填空训练，让学生有身临其境的感觉，课后学生还可听手机里下载的听力内容。Audition软件最大的优点就是能调整听力的语速，可加快也可减慢，尤其对听力困难的学生大有帮助。听力教学完成之后，教师归纳总结听力教学中的语言点，之后进行一个语言输出的环节，让学生观看两个真实生活中购物的视频，学生会产生一种强烈的开口说英语的欲望，这就极好地调动了学生参与活动的积极性。

（四）布置任务，挑战说

把全班同学分成若干组，让他们用大家课前准备的实物把教室布置成服装店、水果店、书店、文具店、水杯店、手机店，为以后进入实际生活进行一次真实的预演。构建逼真的语言环境能使学生对教学中将出现的新语句、新词汇的掌握能力得到提高，在交际中运用自如。在教室互动一体机里播放学生进教室购物的视频，看到视频中的自己，学生会有极大的成就感和荣誉感，进一步激发学习英语的热情。

（五）布置作业

考虑到学生学习的差异，教师设计必做和选做的作业，让不同层次的学生都能发挥其潜力。必做作业有三个：① 自编购物对话，发到教师的邮箱，待下次上课时和同学共享，将原本传统的纸质作业转化成网络作业，以激发学生挑战自我的欲望；② 问卷调查，调查每一名同学从星期一到星期五在吃、喝、用等方面的消费情况，让学生感悟到父母的辛苦；③ 预习新课。选做作业有两个：① 以小组为单位，自拍购物视频，上传到QQ群供大家分享；② 提供一个英语学习的网址，布置一篇阅读文章并要求学生做好阅读笔记。

（六）教学反思

利用图片的直观性、视频的生动性、音频的真实性、Flash动画的多样性，通过手机、网络、多媒体互动一体机等工具，可以极大地丰富课堂教学。基于Flash动画呈现的档案袋评价是一种新颖的、全方位、多角度、多元化评价学生的方式，受到了学生的喜爱。信息化手段与英语教学的完美融合，优化了教学过程，激发了学生的兴趣，提高了课堂效率。

第六章

————

中职英语信息化教学设计

第一节

信息化教学的课程设计

社会的进步、互联网的发展以及学生群体的更新换代，都对中职英语课堂提出了更高的要求。传统的中职英语教学方式已经不能满足现今英语教学的需求，信息化教学的出现，给中职英语课堂带来了新契机。跟传统教学方式相比，信息化教学有很多优势，它不仅让中职英语课堂的学习气氛更加浓厚，也激发了学生内心深处更强烈的学习欲望。英语是中职教育的重要课程，在当今社会对中职英语教学提出了新要求的背景下，中职英语教师应该结合中职英语教学的实际情况，合理利用信息化教学，把中职英语课堂跟信息化教学融合在一起，不断地提升教学质量。

一、当前中职英语课堂症状表现

（一）学生学习基础较差，两极分化现象明显

中职生普遍文化基础较差，部分学生在进入中等职业学校时并没有完全掌握初中阶段应该掌握的知识。学生词汇量小，听、说、读、写能力都比较薄弱，这是中职英语教学必须面对的难题。但这并不是中职英语教学中的唯一问题，学生语言知识与能力的差异也是中职英语教学面临的瓶颈问题。中职生不仅在英语基础知识方面存在差异，在学习能力、英语思维方式等个性品质方面也存在差异。这些差异对学生的英语学习具有重要影响，如果不能很好地解决这些问题，学生的学习效果就很难得到提高。因此，这些问题也是中职英语教学必须解决的重要问题。

（二）学生学习动力不足，缺乏学习兴趣

大部分中职生在初中阶段英语学科的学习中缺乏成就感，也很少获得任课教师的肯定，因此，这些学生在英语学习方面缺乏自信心，认为自己学不好英语，甚至产生厌学心理。此外，进入职业学校的学生通常认为自己的学习目标是掌握某一门技术，普遍重视专业课的学习，忽视英语等文化课程的学习。并且，通常情况下，中职生毕业后就业的岗位通常对英语水平没有具体要求。所以，中职生难对英语学科的学习产生内在动力与学习兴趣。

（三）教学资源不够丰富，课堂教学活动单一

随着信息技术的发展，教育教学资源的类型越来越丰富，例如，文本、图片、音视频、动画等都逐步成为教学中常见的资源类型。但是，由于教学资源的开发还缺乏系统性，而且，根据教学需求同时开发多种类型的教学资源也需要大量的人力与资金投入，所以，目前市场上教师能够获得的教学资源还是以教学设计、演示文稿与教材配套视频为主。这些教学资源难以支持教师根据学生特点与学习需求开展灵活多样的教学活动，所以，目前中职英语的课堂教学活动比较单一，不能有效调动学生参与教学活动，从而影响了教学质量的提升。

（四）教学内容不灵活，难以满足学生的个性化学习需求

标准化的教学内容与学生水平参差不齐的现状是中职英语教学中的一对矛盾体。中职生的英语知识基础和语言能力差异明显。但教学中，教师通常按照教材内容进行同一教学，难以顾及不同学习需求的学生，这必然造成部分学生难以进行有效学习，他们甚至会放弃英语学科的学习。因此，要让每个学生都能学有所获，能够在自己的基础上有所提高，就要为学生提供个性化学习内容，这也是中职英语教学亟待解决的一个现实问题。

二、英语课堂信息化的优势

1. 能拓宽眼界

中职英语课堂信息化教学的引入，给中职英语课堂教学带来了春天。传统的英语教学死板、单调，而且概念模糊，不形象。信息化教学的引入，改变了传统英语教学，能用非常形象的方式直接展现教学中模糊的概念，而且课堂气氛活跃，从而可以调动学生的学习气氛。在利用信息化学习的过程中，能够给学生形象地展示很多仅凭语言很难真正理解的东西。中职英语课堂与信息化教学相结合，能拓宽学生的眼界，培养他们接收信息、消化信息的能力，从而使其不断增加自身的信息储备量。

2. 增强学生的沟通表达能力

在中职英语课堂中合理利用信息化教学，不但能使学生学到英语知识，而且更能增强他们的沟通表达能力。信息化教学的新模式使每个学生都有独立思考、积极参与的机会，有利于学生保持学习的积极性，养成良好的学习习惯，使学生由传统的从属地位转变为如今的主体地位。通过采用信息化技术，教师不断把知识形象化，方便学生理解，激发学生的兴趣，使学生可以自由地表达自身观点，然后相互讨论。这样学生在课堂上不仅学习到了英语知识，也强化了自身的主体性，同时提升了分析和解决问题的能力、沟通能力和表达能力。

3. 增强学生的语言文化

在传统中职英语教学中，教师的教学重点是语法、单词等方面。学生虽然能较容易地掌握英语学习的内容，却难以理解内容背后的语言文化内涵。引入信息化教学后，中职英语教学可以让学生既能掌握英语内容的学习，又能理解英语的文化内涵，改变以前在英语交流时因为语言文化的缺失而导致交流不顺畅的情况。信息化教学与中职英语课堂结合的方式，能有效让学生学习到中职英语背后的语言文化。

三、信息化教学设计的基本原则

（1）以学生为中心，注重学习者学习能力的培养。以"任务驱动"和"问题解决"为学生学习和研究活动的主线，教师作为促进者，引导、监控和评价学生的学习进程，开发和利用各种信息资源来支持学生自主学习。学生的情感需要是教学设计重点考虑的内容，教学设计要选择对所有学生终身发展有价值的内容。

（2）充分利用各种信息资源来支持学习。包括各种类型的教学媒体和教学资源，以支持学生的自主学习和协作式探索。

（3）强调协作学习与团队合作。团队成员之间互相协作，共享他人的知识和智慧，共同实现组织目标。

（4）强调情境创设。情境，广义上理解为作用于学习主体，产生一定的情感反应的客观环境；狭义理解为课程教学环境中，作用于学生而引起积极情感反应的教学过程。情境创设是基于特定的教学目标，将学习内容安排在信息技术和信息资源支持的比较真实或接近真实的活动中，从而支持学科教学活动。

四、中职英语信息化课堂教学目标

中职英语信息化课堂教学目标可分解为三个子目标，即知识目标、技能目标和情感目标。知识目标是学习掌握一些重要的词汇和句式。掌握课文大意，复述课文内容。技能目标是积极参与语言活动，培养良好的听、说、读、写综合能力。情感目标是培养学生建立起人与自然和谐共处的关系，实现人与自然和谐共处，协调发展意识，让学生懂得珍惜和平安宁的生活环境，培养学生互帮互助的团队精神。

五、中职英语信息化课堂教学设计步骤

步骤一：Pre-task（Pre-reading activities）

先播放相关视频画面和图片，将学生的注意力吸引到课堂上来，教师创设问题情境 "Which kind of sight do you prefer?"，结合直观的画面和图片比对，分组讨论，学生很容易说出画面和图片所描述的实物。接着呈现图片引入课堂主题，用头脑风暴法引导学生进一步探究，学生会就此问题展开讨论，教师要适时点拨。这种方法既能锻炼学生的口头表达能力，又能活跃课堂气氛。

步骤二：Task-cycle（While-reading activities）

利用限时阅读比赛，掌握课文主要信息，解决本课重点之一。在学生的阅读过程中，教师要对他们的阅读方法进行指导，培养其阅读能力，从而突破难点。设计思路如下：

通过限时阅读训练，引导学生利用略读方法，让他们在最短时间内把握文章大意，并及时纠正其不良的阅读习惯，侧重培养他们快速阅读理解和把握文章中心的能力。这样，大部分学生很快就能找出文章的大意。然后，利用精读的方法，侧重培养学生快速捕捉文章重要细节和猜测生词的能力。

步骤三：Task decomposition

设计两个小任务：① 判断正误；② 填写缺失信息。学生通过查读找出相关信息。教师通过多媒体直观展示相关情景和再现重点词汇，这有助于学生理清脉络，加深理解，达到掌握文中主要信息的目的，为接下来的学习做铺垫。

在设计学生活动时，可让学生先独立完成任务，再用一分钟让小组间互相交流、互相启发和促进，从而得出更全面的信息，这样即使是基础较差的学生也会不断得到激励。

步骤四：Post-task（Post-reading activities）

在阅读中教师应鼓励学生通过上下文猜测词义，而非停下阅读去查找单词表。教师应采用交际教学法和合作学习法，组织语言实践活动，完成主题任务，培养创新能力。

六、微课制作实例

微课的制作对专业技术与设备的要求并不高。通常情况下，教师只需要经过简单培训就可以独立制作微课。但是，这并不意味着微课制作是一个简单的工作。高质量的微课，需要精心制作。教师在制作微课前，要先了解制作微课的规范步骤。

微课制作是一个完整的流程，包括精选主题、编写教案、撰写脚本、准备素材、制作微课五个环节（见图6-1）。

图6-1　微课制作流程图

（一）精选主题

选择主题是微课制作的第一步，也是非常关键的一步。微课要求内容短小精悍、适合网络传播，同时要具有完整性与独立性，此外，教学内容还要适合以视频等方式呈现。因此，在开始制作微课之前，应对微课主题进行精心选择，这是制作高质量微课的重要基础。

选择微课主题时应遵循明确具体的原则。通常情况下，微课都是以教学中某一个具体的知识点或技能点作为制作主题的。在选择主题时，首先应判断所选内容是不是教学中的一个完整、独立的知识点或技能点，是不是能够在短时间内将该知识点或技能点讲解清楚。如果这些答案都是肯定的，那么，这个知识点或技能点就比较适合作为微课的主题。相反，教学过程相对复杂，不能在短时间内讲解清楚，或需要相关知识的讲解作为铺垫的教学内容，则不适合制作为微课。

（二）编写教案

选题确定后，就要进行微课教案的编写。虽然微课的呈现形式与传统课堂教学不同，但是微课的制作也要符合教学规律与教学要求，因此，制作微课前也需要根据教学目标、教学内容与对学习对象的分析为基础设计教学流程，编写微课的教案。

微课教案的编写主要是对教学内容呈现方式与学生学习活动的设计，例如，按照什么顺序，以什么方式呈现微课主题下的教学内容；设计什么样的学习活动引导学生围绕主题进行思考与开展学习活动等。

（三）撰写脚本

教案是对教学活动的具体化设计，但是微课是运用信息技术与媒体资源进行教学内容讲解的，所以要制作微课，不仅需要对如何围绕某一主题开展教学活动进行设计，同时还需要对如何使用信息技术与媒体资源呈现教学内容、引导教学活动进行设计。因此，脚本的撰写是微课制作的重要基础与依据，也是微课制作的关键步骤。

微课脚本的撰写没有固定的形式，但不论采用哪种模板或以哪种方式撰写微课脚本，都需要介绍清楚微课的基本信息、制作过程及预期效果。具体内容如下：

微课的基本信息应包括微课的标题、主题、使用对象、技术形式与微课时长等。

（1）微课的标题是指微课的名称。微课的名称应该具体明确，使学习者能够通过微课名称了解该微课的核心教学内容。

（2）微课的主题是指该微课的核心知识点或技能点。

（3）使用对象是指微课制作完成后，哪些群体会使用这一资源进行学习。

（4）技术形式是指微课制作所采用的技术手段与方式。

（5）微课时长是指制作完成后该微课的时间长度。

拍摄过程及预期效果：是指通过文字表述的方式对微课拍摄过程与预期效果信息进行描述。这部分内容是根据制作完成后的微课对拍摄过程中每个环节所需要的素材、所使用的技术以及制作完成后应达到的效果进行说明的文字。脚本中应清晰具体地描述出每一个画面的效果，并对实现该效果所需要的素材资源与技术支持进行具体描述，例如，该画面需要匹配的旁白、背景音乐与画面停留时间等。

制作过程及预期效果的撰写没有固定模板，所以，需要撰写者根据实际情况自己设定脚本的信息要素，例如，采用教学录像制作微课时需要在脚本中提供每幅画面需要的景别效果，但这一信息在采用演示文稿＋录屏方式制作微课时则不需要考虑。

微课脚本是提供给制作微课的技术人员阅读的文本资料，因此，撰写时应尽可能根据预设的制作效果为技术人员提供详细信息，以保证微课的制作效果。在撰写制作过程及预期效果部分的脚本前，作者首先应根据微课制作的需要确定脚本中的信息要素，然后，以微课呈现的画面为单位对各要素进行具体描述。

（四）准备素材

脚本撰写结束后，就完成了所有文本资料的准备，接下来，就可以开始进行微课制作的素材准备。素材准备是微课制作过程中准备阶段的最后一个步骤，是指按照脚本内容，搜集制作微课所需要的相关素材，例如，文本、音频、视频或其他相关教具等。制作微课需要的素材可以采用网络下载或制作者独立制作的方式来准备，并遵循能够有效呈现微课主题与支持学生学习的原则。因此，在挑选或制作素材时，制作者应确保素材的内容与微课主题直接相关，避免素材中包含过多与主题不相关的内容，影响微课内容的制作效果。另外，在使用网络下载资源时，制作者还应注意保护所使用资源的版权。

（五）制作微课

完成了所有准备工作后，就可以开始制作微课了。下面介绍三种常见的微课制作方式：教学视频式微课制作方式、手机＋手写板式微课制作方式与屏幕录制式微课制作方式。

1. 教学视频式微课制作方式

教学视频式微课是以用专业摄像设备拍摄的教学视频为主要载体，呈现教学内容与教学过程的微课。制作这一类型微课时，制作者首先要进行微课主题的选题并撰写教案，之后，教师按照教案实施教学过程，并使用录像设备对整个教学过程进行拍摄，最后，通过简单的后期制作形成微课。

优势：对于教师来说，教学视频式微课与传统课堂教学的流程一致。教师按照组织课堂教学的方式将微课内容作为一个独立主题进行教学讲授即可；对于学生来说，这一类型微课与传统课堂教学方式接近，易于接受。

不足：制作这一类型的微课需要专门的演播环境与设备，但由于专业设备与环境造价高，而且教学过程的录制也需要专业技术人员支持，教学视频的后期编辑也需要专业人士配合才能完成，因此，这一类型的微课需要多人合作才能完成。

2. 手机＋手写板式微课制作方式

手机＋手写板式微课制作是正在普及的一种微课制作方式。这种类型的微课对拍摄工具的专业性要求不高，只要准备一部手机或其他简易拍摄工具与一个手写板或一沓白纸就可以开始进行制作。

与教学视频式微课制作相同的是，手机＋手写板式微课的制作也需要先确定微课主题并撰写教案及微课制作脚本，再按照脚本进行微课录制。手机＋手写板式微课主要录制教学内容，不需要教师出镜，所以这一类型的微课视频录制相对简单，只需要保证录制内容的清晰即可，不需要对视频的景别进行设计。使用手机录制微课时，教师需要按照教案在手写板或白纸上，通过画图、书写、标记等方式呈现出教学过程，并用手机或其他简易拍摄工具拍下整个过程。之后，通过简单的后期编辑完成微课制作。

优势：手机＋手写板式微课的制作对拍摄工具要求不高，所需要的拍摄技术也比较简单，便于教师学习与制作。

不足：这一类型的微课只能表现教师手写范围的内容，虽然有利于呈现逻辑性比较强的教学内容，但难以呈现情景化与交际性比较强的内容。此外，这一类型的微课，采用固定手机拍摄，拍摄视频的形式比较单一，呈现内容类型有限。

3. 屏幕录制式微课制作方式

屏幕录制式微课以教学演示文稿为主要载体。制作屏幕录制式微课时，制作者首先根据教学目标与教学内容制作教学演示文稿。准备好演示文稿后，制作者在电脑上放映教学演示文稿，并使用耳麦与演示文稿进行同步讲解，同时，使用录屏软件录制屏幕进行微课制作。之后，对录制完成后的视频进行必要的处理和美化，完成微课制作。

优势：屏幕录制式微课的制作是以教师熟悉的教学演示文稿为基础的，因此更容易被教师所接受。同时，这一类型微课的录制在个人电脑上即可实现，对录制环境与技术要求不高，制作比较快捷方便。

不足：制作这一类型的微课需要使用专业屏幕录制软件，常用的屏幕录制软件 Camtasia Studio 的应用比较复杂，教师需要在经过专业培训后才能掌握该软件的使用。

第二节

中职英语信息化教学设计策略

一、中职英语信息化教学设计策略

传统教学方式与教学手段很难解决中职英语教学中的实际问题，但是，信息技术与网络技术的发展为中职英语教学的改革提供了新思路与新途径。结合理论与实践研究，我们可以在中职英语教学中通过信息技术与中职英语教学的整合，解决教学中的实际问题，从而提高教学效率。

（一）充分利用信息技术优化教学内容的呈现方式

随着教育技术的发展，现在的教材大都配备了相应的音频与视频资源，这些资源在很大程度上丰富了中职英语教学资源，也优化了中职英语教学内容的呈现方式。音视频等媒体资源的使用在一定程度上降低了教学内容的难度，提高了学生的学习兴趣，对于教学活动的开展具有很好的促进作用。但是，因为教材成本的问题，教材中配备的音视频资源通常都是教材的核心内容，不能为教材中的所有内容提供丰富多样的呈现方式。而学生的学习习惯与学习风格具有稳定性，无论是学习单元核心内容，还是其他内容，对于中职学生而言，图片、音频、视频或微课的输入形式要好于纯文本的输入，更容易激发其学习兴趣，帮助理解学习内容。因此，在开展信息化教学设计时，教师可以根据教学内容特点与学生的学习风格，采用信息技术手段对教材中的文本素材进行加工，以更加生动活泼的方式将教学内容呈现给学生。

（二）充分利用信息技术优势创设语言学习情境

情境创设是语言教学的重要手段，不仅能够有效地激发学生的学习兴趣，还有利于引导学生在所学语言与实际应用之间建立联系，帮助学生理解所学知识及语言的意义。信息技术的使用为语言情境的创设提供了良好的条件，教师可以使用视频等方式为学生创设问题情境，以问题引导学生开展语言学习；也可以通过模拟情境的方式将学生带入所学语言，让学生进入语言学习活动等。通过信息技术与英语教学的整合，为学生创设真实自然的学习情境，让学生在情境中学习语言、应用语言，这样必将激发学生的学习热情。

（三）充分利用信息技术为学生提供协作学习的环境

在信息技术高度发展的新时代，协作成为人类社会发展的重要动力。英语教学以培养学生运用语言进行交流，完成生活或职业中的实际任务为教学目标，因此，在教学中应注重为学生提供运用语言进行交流的学习活动。面对面的交流固然十分重要，但是运用信息技术与网络技术为学生创设协作学习的机会，也是十分必要的。而且，通过运用信息技术还可以让学生将课内学习拓展到课外，这有利于培养学生的自主学习能力与知识应用能力。

（四）充分利用信息技术建设丰富的教学资源

要满足学生的学习需求，使每一个学生在教学过程中都能根据自己的知识基础与学习风格特点找到适当的学习资源，开展个性化学习，就必须有足够丰富的教学资源作为支撑。教师在开展信息化教学设计时，应在充分调研学生学习基础与学习风格特点的基础上，以各单元的教学内容为基础，开展不同层次、不同风格的教学资源建设。这些资源一方面可以帮助教师解决学生水平参差不齐的问题，另一方面可以帮助教师拓展教学内容。在教学过程中，学生可以根据自己的语言基础选择适合的学习内容，同时也可以根据自己的兴趣爱好选择感兴趣的学习内容进行拓展学习。有了丰富的教学资源作为支撑，才有可能实现真正意义上的个性化学习。

信息技术的发展为中职英语教学模式的改革提供了技术条件与基础。在教学中恰当使用信息技术可以帮助教师解决许多传统教学手段难以解决的问题，但是在信息化教学中切忌过分突出信息技术，忽略教学内容的特点，偏离教学目标的要求。基于中职英语教学内容的特点与学生的学习需求，恰当合理地应用信息技术，才能改善学生的学习质量。

二、信息化教学设计策略的具体实施

信息化教学设计是实施信息化教学的基础。按照科学的规律与要求设计信息化教学，是顺利实施信息化教学的关键所在。那么如何才能做好信息化教学设计呢？除正确认识什么是信息化教学设计并了解其特征外，还需要掌握开展信息化教学设计的步骤与流程，也就是我们所说的信息化教学设计模式。

所谓信息化教学设计模式是指在信息化环境下，系统设计教学活动的理论与实践框架。它一方面来源于理论，根据一定的理论提出假设，设定相应的活动和操作程序，在实践中应用并得以检验；另一方面来源于教学实践，将实践经验提升总结，概括为理论的雏形。

通过分析大量中职英语信息化教学与设计案例，我们发现在信息化教学过程中，教师通常需要通过制订教学目标、创设教学情境、规划教学过程、建设教学资源、设计教学评价，才能确定信息化教学的方案以开展教学。

（一）制订教学目标

教学目标是指教学活动实施的方向和预期达成的结果，是一切教学活动的出发点和最终归宿，它既与教育目的、培养目标相联系，又不同于教育目的和培养目标。传统教学中，教学目标的制订通常以教师对教学内容的分析为基础，这种教学模式的取向是接受式教学。这种模式下，教师认为知识是通过传递的方式由教师灌输给学生的。教师通过上课前对教学过程进行规划设计，教学中按照预设的教学程序传递知识，就可以实现预期的教学目标。这一理念指导下的教学设计很少考虑或不考虑学生学习的因素。信息化教学以建构主义学习理论为指导，认为教学是"教"与"学"的过程，而"学"才是其核心。学生只有通过学习，才能实现有意义的构建，达成教学目标，所以，教学目标的制订不仅要以教学内容分析为依据，也要考虑学生情况分析，也就是说在信息化教学设计中，教学目标的制订需要以两个维度的分析为基础，即教学内容分析与学生情况分析。

1. 教学内容分析

教学内容是学生学习的对象，是一节课教学目标的载体。教师必须准确把握学习内容的宽度与高度，才能准确定位教学目标以及教学重点、难点，设计有效教学活动，保障教学质量与效率。

教学内容分析应包括教材的纵向分析与横向分析两个部分。所谓纵向分析是指要将教学内容放置在其所属的学科体系中，根据该学科的知识结构对教学内容在整个学科体系中所处的位置进行定位，也就是要弄清楚教学内容与之前所学知识及后续知识的关系，即通过分析教学内容与学生已有知识的关系，了解教学的起点在什么位置；通过分析教学内容与后续知识的关系，确定学习的终点在什么位置。

所谓横向分析是指以教学内容为核心，查阅不同版本教材中相关教学内容与教学材料的编写特点与编写思路，吸取好的经验与方式，作为所使用教材的补充，丰富教学设计思路。

2. 学生情况分析

学生情况分析是要了解学生学习新知识时所具备的知识基础、学习能力与心理发展水平等信息。这些信息直接影响教学目标的制订与教学方法及策略的选择。

教师进行教学设计时，可以通过采用科学的测量手段，进行学生情况分析，例如，通过测验、量表的手段诊断学生的相关知识基础；通过发放调查问卷与访谈等方式了解学生的学习风格、学习能力等。学生情况分析是教师确定教学重点、难点以及客观制订教学目标的重要参考。

3. 制订教学目标

以教学内容与学生情况分析为基础，教师就可以比较准确地制订一节课的教学目标了。一般情况下，课堂教学都采用从知识、技能与情感态度三个维度来制订教学目标的方式。科学的教学目标是实施有效教学的基础。

有效教学目标应能够清晰地描述预期的学生行为，列举出学生实现预期行为所要的条件以及学生行为应达到的标准。也就是说，教学目标应具备可操作与可检测的特点。

确定一节课的教学目标后，教师需要做的就是用清晰准确的语言将教学目标表述出来。在这个过程中，需要关注的是，教学目标的表述中应包含足够的信息要素，才能为教学制订客观、准确、可操作、可测量的教学目标。

第一，教学目标需要明确教学对象信息。也就是说，教师在制订教学目标时需要明确该目标是针对哪一部分学习者制订的，是班级的全体学生，还是部分学生。例如，在中职英语教学中，由于学生语言基础参差不齐，教师通常会采用分层教学的方式开展教学，那么就需要为不同层次的学生制订相应的教学目标。

第二，教学目标需要明确学习者在完成学习后，能够运用所学内容做哪些事情。这也就是要求教师要将学习内容与学生的学习行为相结合，并通过观察学生的行为变化，了解学习目标的达成情况。在教学目标表述中，这一要素可以通过动词短语的表述来实现。

此外，教学目标还应对学习者的学习行为产生的条件做出明确规定。学习是一个持续的过程，学生不可能通过一节课的学习就具备胜任某一主题下语言交际任务的全部能力，因此，学生在完成一节课的学习后，要进行某一主题的语言交际任务时，通常需要某些具体条件与环境作为支撑。在制订教学目标时，则需要对这些特定要素进行界定与说明，例如，"The students will be able to introduce one of his/her friends with the help of the key words and phrases."这一目标对学生运用英语进行人物介绍的条件进行了具体描述，即教师要为学生提供有关人物介绍的关键词和短语。这些短语又从内容上规定了学生进行人物介绍的内容，可能是外貌、年龄、职业、性格等。这些条件的规定使教学目标变得更加符合教学实际，也增强了教学目标的可操作性。

最后，教学目标中还应包含对学生行为应达到的标准给予明确规定。教学目标不仅要规定学生完成学习后所具备的行为能力，同时，还应明确这一行为应达到什么样的标准，才能为教师的"教"与学生的"学"明确质量标准。

（二）创设情境

学习情境即学习环境，指与学习过程直接相关的社会文化背景。学习活动总是与一定的社会文化背景即"情境"相联系的，创设情境可以帮助学生建立新旧知识之间的联系，促进学生的思维发展和意义建构。在中职英语教学中，为更好地调动学生的已知图式，激发学生的学习兴趣，教师通常会根据教学内容，为学生创设学习情境，例如问题情境、真实情境、模拟情境与协作情境等方式，为学生提供更加有益于主动学习的环境。在信息化教学中，教师可以通过借助真实环境与教具，实现教学情境的创设，也可以借助信息技术手段去实现。

第一，创设问题情境。通过提出问题将学生引入学习任务是一种简单有效的情景创设方式。教师可以通过将与学习相关的问题嵌入真实的故事中创设情境，也可以通过讲述故事并在故事结束时抛出问题来创设情境，还可以根据教学需要通过播放视频等方式创设问题情境。

第二，教学过程与教学资源的设计应以教学内容为依据。教学内容是开展教学设计的重要基础，是制订教学目标、设计教学活动与建设教学资源的重要依据。通常教师在开展教学设计时，会根据不同类型的教学内容制订相应的教学目标，选择教学方法，开发建设教学资源。根据布鲁姆对知识的分类，教学中所涉及的知识包括事实性知识、概念性知识、程序性知识与元认知知识等。不同类型的知识需要不同的教学方法与学习方法与之适应，例如，事实性知识是学习者在掌握某一学科或解决问题时必须知道的基本要素。事实性知识学习的过程通常包括信息的获得、信息的组织与储存、信息的提取与运用三个阶段。因此，在学习事实性知识时，教师就需要根据学生对事实性知识的认知特点设计教学活动，并根据教学活动的需要开发建设教学资源。而在学习概念性或程序性知识时，则需要设计与之相应的教学活动与教学资源。

（三）设计教学评价

教学评价是以教学目标为依据，按照科学的标准，运用一切有效的技术手段，对教学过程及结果进行测量，并给予价值判断的过程。传统教学通常以对学生学习结果的评价作为检测教学与学习效果的重要指标，但是随着信息技术的发展，知识更新的速度越来越快，以学习结果为单一评价指标的局限性逐步凸显。学习能力、创新能力、合作能力以及价值观等综合素质逐步被纳入教学评价内容，多元评价与过程评价成为指导教育教学评价改革的重要理论。教学评价目的由以评定学习结果为主转变为促进学习过程优化与提高学习效果为主；评价方式由以终结性评价为主转变为过程评价与终结性评价相结合。随着信息技术的发展，对学生学习效果的即时评价、参与学习活动情况的评价、多主体参与的评价等评价方式都能够在教学中得以实现，从而为实施全程评价与多元评价创造条件。

第七章

信息化教学评价

第一节

信息化教学评价工具分析

信息化教学评价是指在现代教育理念的指导下，运用一系列评价技术和工具，对信息化教学过程进行测量和价值判断，为教学问题的解决提供根据，并保证教与学的效果。

信息化教学评价着眼于促进学生素质的全面发展，坚持形成性评价和终结性评价并重的原则，将评价过程和教学过程相结合。这样不仅有利于发展学生的综合素质，而且有利于培养学生分析问题、解决问题的能力，同时给予学生更大的自主选择空间，使学生从被动接受评价转变成为评价的主体和积极参与者。

一、信息化教学评价体系的特点

（一）关注信息技术的辅助功能

信息化教学方法旨在通过信息技术的介入，有效地改进现有的教学方式，提高教学效率。信息化教学评价体系对信息技术在课堂教学中的应用进行全面的考评，如对课堂上信息技术的选择应用及教学辅助效果等进行评价。

（二）侧重评价体系的综合性和实践性

传统评价体系过于单一，信息化教学评价体系则更侧重参评者的情感态度、合作能力、分析能力、整合学科知识的能力和实践能力，以及对学生学习过程全面公正的评价等诸多方面。

（三）注重课堂评价的全面化

传统的评价方式通常以学生的考试分数作为评定教师能力的标准，导致教师在安排教学过程时，往往采用"填鸭式"的教学方法，只关注学生成绩，不注重学生的情感培养等。而信息化教学评价体系采用发展性的过程评价方式，对教师教学过程中所表现出来的学习行为给予有效的全面评价，从教育效果、教育效率、教育效益和关系绩效等模块进行全方位评价，使信息化课堂教学不断完善，从而更好地实现课堂教学目标。

（四）注重课堂评价的激励作用

通过建立信息化教学评价体系，教师可以增强培养学生的效率、效益、效果和关系绩效意识，培养学生的学习能力和解决实际问题的能力。同时，教师要关注学生的未来发展，注意引导学生，创造出更好的教学效益。

（五）强调教师的引领作用

在所有的教学因素中，教师是一个决定性因素。学生不仅将接受教师有意识授予的一切，同时也将接受教师无意识流露出来的某些行为。因此，信息化教学评价体系是以教师为中心的绩效评价，其主要内容是教师在教学工作中的工作绩效，主要目的是通过评价为教师明确发展的目标和方向，满足教师进一步提高自己专业水平的需要。

总之，信息化教学评价体系可以弥补传统评价方法的不足，提升教师的工作绩效，并最终使教师、学生、教学管理部门三方受益。

二、信息化教学评价工具

为了适应信息化社会对人才的要求、素质教育的需要以及《课程标准》的要求，信息化教学应该将形成性评价和终结性评价相结合。日常信息教学中常用的工具有：

(1) 形成性评价工具：电子档案袋、评价量规、学习契约。

(2) 终结性评价工具：测验和考试，其中考试可以利用计算机测试平台来帮助实现，如使用自动阅卷系统来处理答题卡、在线测试等。

(一) 形成性评价工具

形成性评价不仅可以帮助学生强化已学知识，也可以帮助学生发现自己不清楚的知识点。其宗旨在于有效地推进和改善课程进展，帮助教师及时了解学生的实际学习情况，发现并探索解决学生在学习中存在的实际问题。可以使用的工具有：

1. 电子档案袋

电子档案袋是指在信息技术环境下，学习者运用信息手段表现和展示学习者在学习过程中关于学习目的、学习活动、学习成果、学习业绩、学习付出、学业进步以及对学习过程和学习结果进行反思的一种集合体。

电子档案袋可以通过多个方式展示学生的表现，通过这些展示每名学生都可以发现自己在学习上可以不断地进步，他们会对改进自己的学习状况产生兴趣，进而对这个任务产生责任感，主动探索如何规划自己的学习进程和评估自己的学习效果。实质上这是一种基于学习者真实作品或表现的过程性评估方式，学习者本身就是评估的主体。

2. 评价量规

评价量规是一个真实性评价工具，它是对学生的作品、成果、成长记录袋或者表现进行评价或者等级评定的一套标准，同时也是一个有效的教学工具，是连接教学与评价之间的一个重要桥梁。

评价量规具有以下三个要素：一是评价准则，决定表现性任务、行为或作品质量的各个指标；二是等级标准，说明学生在表现任务中处于什么样的水平；三是具体说明，描述评价准则在质量上从差到好（或从好到差）的序列，评价准则在每个等级水平上的表现。

评价量规具有以下优势：

（1）帮助教师和学生定义"高质量"的学习，使学生明确学习的要求和目标。

（2）清楚地显示评价学习的方式和教师的期望，同时让学生清楚"如何做"才能达到这些期望。

（3）使用具体的术语描述标准，降低评价的随意性，使评价更客观、公正。

制订量规的一般步骤：

（1）选择已有的评价材料，将这些材料分成优、良、中、差四个等级。

（2）分析材料，找出各自所具有的特点，初步确定优、良、中、差四个等级的标准。

（3）将分解出的四个等级标准进一步细化，制订量规的二级指标。

（4）小范围内使用制订的量规。

（5）根据使用情况修改量规。

3. 学习契约

学习契约就是一份由学习者和帮促者（专家、教师或学友）协商拟订的书面资料，清楚载明学习的内容、学习的程序和方法、学习的时间以及评估的方式等，以详细规范教、学的职责。学习契约就是学习者与帮促者之间的书面协议或者保证书。

学习契约的优点有：第一，可加强教与学之间的良性互动；第二，可使教学更具弹性，更能顾及学生间的差别；第三，能够有效地控制学习程序；第四，学生具有一定的主动权，能激发学习的积极性。

学习契约评价应遵循的几个步骤：

（1）诊断学习的需要，并确立学习目标：让学习者在学习之前，就已明确学习内容及要达到的标准。

（2）根据学生的学习风格、时间表、费用等各种因素来选择最优的学习资源和策略。

（3）制订学习计划：包括学习者如何实现既定目标；如果遇到困难或

障碍，学习者将采取哪些可供选择的计划或方案。

（4）由学习者和帮促者共同协商对学习结果的评价方式，并确定评价标准和工具，协商后协议双方签字确认。

（5）实施学习契约。学习者和帮促者根据契约的内容共同对学习过程和学习效果进行检查。

以上所述的三种工具可以根据特定的教学内容和教学对象选择使用，它们的优势在于关注学习过程，试图通过改进学习过程改善学习结果。这些工具除评价知识、技能等可以量化的方面以外，更适合评价兴趣、态度、策略、合作精神等不易量化的品质。但是根据教学实践的需要，这三种工具也可以作为总结性评价的参考，尤其是评价量规，既可以作为形成性评价的标准，也是总结性评价中的好助手。

（二）总结性评价工具——试卷

总结性评价作为一种评价方式，是不可忽视的，而测试也是总结性评价的一种主要形式。测试是教学中常用的评价技术，有利于了解学生认知目标的达成度。测试的形式主要有面试、笔试与综合考试。在学校教育中，最常用的就是闭卷考试。

信息技术的发展推动了网络测试系统的出现，计算机辅助测试为信息化教学评价提供了有力的帮助。下面简单介绍一款开放的电子出卷和测试系统——EasyTest。

EasyTest是一款用于制作交互式教学测试、评估试卷的软件，可以制作选择、填空、匹配、判断和简答五种类型练习题。该工具界面直观、操作简单，十分适合教师制作各种网络化的教学测试试卷。

这款软件的使用步骤如下：

（1）下载EasyTest.zip文件后，解压所有文件；

（2）运行EasyTest.exe文件；

（3）选择有关的测试题目单元，在"输入题目"中可看到各种类型题目的输入界面；

（4）题目输入完毕后，选择"制作网页"中的"生成网页"，即可看到生成的网页效果；

（5）按左侧"说明"中的"离开"按钮结束本软件的使用。

编制试卷时，应该注意以下问题：

（1）试卷按照教学课程标准来编制；

（2）注意题目的难度、效度和区分度；

（3）试卷前后题目不能重复；

（4）题目描述要简洁明了，不能出现歧义。

信息化教学中以"学"为中心的学习理念强调学习者的实践经验和元认知技能，以及创新意识和解决劣构问题的能力。"工欲善其事，必先利其器。"信息化教学工具的恰当使用必将推动教学评价的科学发展。除本书谈到的评价工具外，常用的还有概念图、Wiki、Moodle等。为促进学习者的发展，教师要不断关注教学评价的科学性和教育性，要积极主动地借助可利用的工具实现教学评价的导向和激励作用。

第二节

信息化教学评价维度选择

　　教育评价是根据一定的教育目标，运用有效可行的技术手段，对教育活动的效果和影响进行价值判断，优化教育教学活动对提高教学质量、促进教育的深化改革具有重要作用。对于信息化教学，我们应该充分发挥信息技术的优势，与传统教育相结合，基于学生的表现和学习过程，评价学生应用知识的能力。不仅要关注学生学到了什么知识，更要关注学生在学习过程中获得了什么技能。信息化教学强调学生的个别化学习，学生在如何学、学什么等方面有一定的控制权，教师则起到督促和引导的作用。

　　信息化教学效果的评价要满足中职英语课程要求，不仅要关注信息化资源的数量，更要关注资源的质量；不仅要关注信息技术的应用，更要关注技术所带来的实际效果；不仅要关注教师的教学行为，更要注重学生的学习行为。我们常常将教学行为作为评价依据，其实教学是否有效，离不开学生的学习行为。学习结果的获得是一个习得的过程，离不开学生自身的学习。采用信息化手段进行教学改革和教学评价的探索，对信息化教学效果的评价，可综合"两平台三时段四主体"进行多维度分析。

一、两平台

　　中职英语注重理实一体，采用"两平台"进行教学，理论与实训交互，网络学习贯穿始终，旨在通过课堂平台的"学"、实训平台的"做"，以及网络平台的"练"，实现课程的知识目标、能力目标及素质目标。

（一）课堂教学平台

课堂是中职英语教学的平台之一。在课堂教学过程中，任课教师组织教学过程，讲授中职英语课程的基本知识，提出关键问题，并且和学生一同讨论、分析、解读重难点，实现课程的知识目标。

因此，课堂教学评价应该注重教师的课程组织是否合理，知识教授是否透彻，信息化资源运用是否得当，重难点是否明了，是否通过启迪、诱导促进了学生的自主学习、自主探究。

（二）网络平台

网络平台教学不仅能够丰富英语课堂教学内容，而且不受时间、地点的限制，将英语学习延伸到课堂之外。教师要能够利用网络这一平台丰富英语学习教材、与学生进行良好互动，将英语课堂教学与网络平台有机结合起来，充分利用网络平台的优势，激发学生英语学习的兴趣，促进中职英语教学效率的提升。

因此，针对网络平台的评价，应既要注重教师的课程设计、课程资源，又要注重资源的数量、质量，同时还要注重学生的学习进度、活跃度及学习效果。

二、三时段

为了全面、具体、动态地评价课程信息化教学效果，对学生课程的最终成绩，可以采用三种方式进行综合评价。

最终成绩＝阶段性平均成绩×30%＋过程性成绩×30%＋总结性成绩×40%。

1. 阶段性评价

阶段性评价主要考查每章节作业的成绩。作业采用网络平台进行布置，以所有成绩的平均分作为这一部分的考核成绩。

2. 形成性评价

形成性评价是对学生学习动态的考核，主要包括课堂出勤、活跃度、小组汇报、网络平台学习进度、作业、记录以及结果，涉及诸多因素。形成性评价更多地关注学生个人的个体差异，不仅关注学生之间的横向比较，更重视学生在自己原有基础上取得的进步。同时，评价的参与者也不仅限于教师，更多地鼓励教师、家长和学生的共同参与。

3. 总结性评价

课程即将完结时，从网络平台上早已设计好的题库中，随机抽取指定数量的题目形成模拟试卷，供大家进行自测，更加方便学生随时随地地考查知识的掌握程度。课程结束后，教师组织学生进行闭卷考试。

三、四主体

1. 学生评价

教学的主要对象是学生，学生的感受最直接。学生通过课程的学习，掌握了哪些知识、技能，具有了何种能力、素质是最重要的。学习个体是有差异的，因此信息化课程的评价，必须考虑学生的评价。

针对学生的评价，应该注重考查授课教师是否通过信息化手段使知识点的讲解更加透彻，重难点的把握是否合理，技能点的传授是否清楚，是否可以引发学生自主思考等。

2. 督导评价

督导都是有着丰富教学经验的资深教师，可以给予广大教师有益的指导和中肯的评价，充分调动教师进行教学改革的积极性和自觉性，充分发挥自身潜能和实力，这对教师的成长十分有利。

针对督导评价，应该注重考查授课教师的教学准备是否充分，教学内容是否正确合理，信息化手段的使用是否得当、有效，课堂氛围是否控制适宜，对学生的启发是否有效，等等。

3. 同行评价

作为同行的教师，对教育教学的各方面是最为了解的。他们能从专业性的角度，鉴别教师教学理念的先进性、教学内容的科学性、教学方法的有效性，发现教学中的创新与不足，通过彼此的听课、分析、讨论，用发展的眼光去评价与学习，帮助大家开阔视野，更好地组织教学。

针对同行评价，应该注重教师的讲解是否流畅，表达是否清晰，课堂驾驭能力是否得当，仪器设备是否操作熟练，实训项目设计是否合理，重难点是否突出，信息技术运用是否得当，师生互动氛围是否优秀等方面。

4. 企业人员评价

学生最终都会进入工作岗位，尤其是中职院校更是以就业为导向来培养学生的，所以企业人员对课程的评价也十分重要。以企业的鉴定考核评教，是以职业能力为本位来设立培养目标，是用社会和用人单位的标准衡量人才培养水平的方法之一。

针对企业人员评价，应该注重实用的信息化技术是否体现行业前沿，课程内容是否与行业相关，是否注重职业能力、职业素质的培养，引入教学内容相关案例是否与具体行业岗位紧密结合等方面。

第三节

信息化教学评价体系构建与实施

一、信息化教学评价体系指标的确立

信息化教学评价体系的构建主要依据建构主义、形成性评价理论和发展性评价理论开展。从系统性和全面性出发，信息化教学评价体系分为两个部分：备课阶段和课堂教学阶段。而教育评价指标体系是对教育质量要求的具体规定，是整个教育评价工作的基础。教育评价指标体系是由教育评价指标、指标权重和评价标准按一定要求组合起来所形成的系统化的有机集合体。在中职英语教学中，合理利用信息技术能够为学生创设一个更为广阔的学习平台，提供多样化的学习资源，对学生的全面发展有着深远的影响。因此在信息化教学评价体系中，具体指标应从教学准备、课堂实施及教学环境三方面来确立。

（一）教学准备阶段

教学准备是否充分将直接影响课堂教学效果。在该阶段，具体指标由对学习者特征的把握、教学目标设计、能力目标设计、教学活动设计、课堂组织形式设计及信息运用设计等指标组成。如教师有意识地了解学习者的学习背景、学习特点及学习风格，教学目标设计和教学内容安排是否围绕学习者的不同要求展开；教学设计是否关注培养学生搜集和加工信息的能力、分析解决问题的能力、交流协作表达的能力及创新思维能力。是否能充分发挥信息技术优势，有没有合理的教学设计、明确的教学内容，都会直接影响教学效果；在上课前，教师根据要完成的教学目标，充分准备硬件设备和需要用到的软件，包括筛选、编排、评价资源，这样才能提高课堂教学效率，达到教学目的。

（二）课堂实施阶段

课堂教学评价的核心在于课堂教学过程的评价。在此阶段，具体指标由师生角色定位、教师对学科目标和课堂的把握、学生的学习效果及学习兴趣及学习动机的维持、学生问题解决的能力及学习效果信息化课堂教学效果等指标组成。教师是课堂的主导者，要有很好的课堂调控能力，能够引导学生将大部分的精力投入到有效的学习中。教师需要在有限的课堂教学时间内有效地引导学生探索、思考、建构知识。教师应在整个教学过程中贯穿对学生能力培养的意识，灵活地开展学生思维的训练，让学生有较高的参与度和获得积极的情感体验。

（三）教学环境设计

信息化教学环境是运用现代教育理念和现代信息技术所创建的教学环境，是信息化教学活动展开的过程中得以持续的情况与条件。它主要是指导开展信息化教学的硬件环境、软件环境（如课件、资源）、时空环境、教学氛围等。硬件环境需满足软件的正常运行。软件环境主要包括课件及教学资源，课件内容需符合教学要求，所选取的素材需符合学习者的心理特点，同时又要照顾学生的学习差异，能够吸引学生的注意力，激发学生的学习兴趣，并且要注重课件交互的实现和对学生的动手能力的培养。同时教师需要营造良好的教学氛围，充分利用信息技术提供的各种资源，深入分析学生的学习需要，根据教学内容的要求营造一个活跃、愉悦、充实的课堂环境，师生之间积极交互，能够通过多种方式基本保证不同的学生都有与教师交流的机会。

二、信息化教学评价体系应遵循的原则

　　科学的评价体系是实现教学目标的重要保障，信息化教学评价体系可以从课堂教学出发，关注教师和教学环境、教师和学生、教和学的持续交互作用等评价指标，关注学生在学习过程中获得了何种技能。信息化教学评价注重对学生的激励、反馈与调整和对教师教学效果的提升；不仅关注学生的学业成绩，而且还注重发展学生多方面的潜能；评价主体从单一转向多元，关注学生的个别差异；评价方式不再只依靠考试的结果，更多采用诸如观察、作品展示、项目活动报告等多样化的方式。它能了解学生在发展中的需求，帮助学生认识自我，及时调整学习目标，建立自信。教师教学绩效的全面评价，应该是对教学全过程的综合评价。因此，建立科学可行的教学评价体系，是提高课堂教学评价质量、增强评价的有效性和可靠性的重要保证。

（一）以学习为中心，注重学习者学习能力和评价能力的培养

　　信息化教学的本质是运用系统的方法，以学生为中心，充分利用现代信息技术和英语学科信息资源，对教学环节进行具体设计，创设教学系统的过程或程序。在信息化教学中，学习的任务往往是真实的，教师不再是主导的角色，而是通过帮助学生获得、解释、组织和转换大量的信息来促进他们的学习，解决实际生活中的问题（跨学科的真实任务），学生也具有较大的自主权和控制权。同时也要发展学生的自我评价能力，学生需要参与制订和使用评价的标准，在思考和反思中发展自身的技能；鼓励学生进行自评和互评，并使他们对评价的进程和质量承担相应的责任。在信息化教学中，学生承担着自我学习的责任，通过协同作业、自主探索的方式进行主动的知识建构。教师作为学习的促进者，要引导、监控和评价学生的学习进程。

（二）充分利用各种信息资源来支持学习

教师在进行信息化教学设计时要考虑什么样的学习材料有利于学生自己发现、自己得出结论，研究什么样的情景有利于他们充分展开讨论，提升认知水平。充分利用各种信息资源还表现在对学校、社区特殊资源的吸取整合与利用上，除书本、网络提供给学习者的共性资源外，作为学习的组织者，教师必须充分挖掘学校、社区特有的自然、文化等资源来支持学生的学习。

（三）系统性与可行性相结合

信息化教学体系是一个由教师、学生、课程、教学资源、教学环境等多因素组成的一个功能系统，而教学绩效取决于教学各因素及其各因素间的相互作用。因此，教学评价体系应建立在对教学全过程各环节的综合评价上，不但要关注教学信息的传授情况和教学结果，还要关注教师的信息技术能力、现代教育观、教学设计能力、在整个教学进程中的组织能力及对教学信息的掌握和运用能力等，同时要保证评价体系确立的指标具体可行。

（四）定性与定量方法相结合

在评价过程中，影响绩效的因素很多，有些是定性指标，有些是定量指标。因此，在评价体系建立时应尽可能在定性基础上进行定量评价，或者说用定量手段做出定性的评判。研究改进权重在分析和综合评价结果等方面的适用性，使指标体系的整体得到进一步的优化。

三、中职英语多元评价体系的构建与实施

（一）构建多元化的评价内容

1. 评价学习增量

科学的学习评价体系不仅要反映知识掌握的程度，即学习总量，更应

能反映学习增量。中职学生大多有严重的偏科现象，个体的英语水平差异较大，如机电、汽修专业男生较多，英语水平通常相对较低；而市场营销、艺术类专业的女生较多，英语学习情况较好。按照课程教学目标考查，只能评价学生的知识总量，对学生在中职阶段的英语能力的提升增量不能做出反馈。根据维果斯基的最近发展区理论，教学应从学生的实际出发，考查他们的现有水平和潜在水平，这样才能让每个学生学有所乐，让不同层次的学生在英语课堂上都有所收获，调动大多数学生的学习积极性。学习评价则是对学习效果的反馈，对改进学习方法有指导意义。因此，应建立能够体现学生的学习增量、反映学习过程、调动不同层次学生的积极性的学习评价模式。

2. 评价学生的自主学习能力

在信息化背景下，学习者获得知识的渠道很多，因此，自主学习能力对其后续发展就显得尤为重要。这就要求在构建学习评价时，教师将英语学习中可能涉及的自主学习能力做具体分解，纳入评价体系中。

3. 从听、说、读、写多维度评价学生的英语水平

目前中职学生的发展有就业和升学两个渠道。用人单位通常偏重学生的听力和口语实际应用能力；而与升学对应的对口单招对交际用语的考查更多的还是以书面形式进行，同时阅读和写作所占的比重相当大。因此，构建听、说、读、写多维度的评价体系，可以促进中职学生在听、说、读、写各方面协同发展，培养学生用英语做事和交流的能力。

（二）建立主客观相结合的评价方式

方便及时的客观评价在中职英语信息化教学中是一大优势，学生可以通过教学平台和各种听、说、读、写软件以及测试题的即时量化评价功能来评价自己的学习状况。在听和说方面，可以通过使用跟读复读软件帮助判断语音、语调、流利程度等评价指标，从而提高学生的口语水平。在词汇、句型方面，可以通过某些英语电子词典的单词本或通关游戏形式等实行量化评价。有些批改网站能实时对学生提交的作文进行批改，并立刻给

出作文分数及分析反馈。教师，还可以通过教学平台的测验功能设计选择题、判断题等，对学生的知识掌握程度进行客观评价。

对于学生的学习态度、学习能力、课堂表现等需要进行主观评价的内容，传统的学习评价体系显得力不从心，而在信息化教学背景下，将这些主观评价方式纳入学习评价体系不再是纸上谈兵。在课前预习阶段，教师在平台上推送相关预习资源、布置学习任务单，可以随时在教学平台检查学生对课前资源的预习以及任务的完成情况，并予以评价。在课堂实施环节，对于答疑讨论、"头脑风暴"等学生活动的表现，教师可利用平台评价功能实时"点赞"，对学生课堂提问的表现用平台"加星"功能等给予评价。这样，传统主观考核中印象化、随意化的现象得以改变，实现了主观考核的等级量化，同时也大大降低了教师统计的工作量。

在信息化学习背景下，建立主观评价与客观评价相结合的评价体系更具有操作性，这样的评价体系建立在充分合理的信息基础上，对中职生英语学习的学习行为、学习效果的评价更全面，对学习者的英语学习更有指导意义。

（三）引入多元化的评价主体

多元化的评价主体包括教师评价、学生自评、学生互评和用人单位评价。教师主要评价学生的学习态度、课堂表现、作业完成情况等，其重点是合理总结学习者的学习态度、能力和方法。

建构主义认为学习者自己能够积极地建构自身的知识框架，让学生进行自我评价，有利于学生反思和调控自己的学习行为，更有利于学生提高自主学习能力，体验成功，树立自信。学生自评的主要内容有学习态度、习惯、效果等。学生互评主要是对学生的讨论、探究合作等小组活动的表现，以及在平台上提交的课后作业项目的认同度等方面的互相评价，更侧重于情感态度、与他人合作、沟通交流等方面的评价。处于青春期的中职学生，更在意同伴对自己的认同感，通过互评他们可以在与同伴的思维碰撞过程中互帮互助，获得进步。

　　在评价体系中加入更多的企业评价元素，可以让人才培养更贴近企业的需求，实现学校教育和企业用工的完美对接。如将对话的视频作业、应用文等发送至相关的合作企业，由企业部门的人员从企业实际需求的层面做出评价。企业评价以提高学生的综合素质为中心，注重学生能力的培养和评价。

　　在信息化环境下，英语学习方便且高效，但需要学习者具有较好的自控能力，能持之以恒地自主学习，同时又能获得全面及时的反馈，指导自己进行学习调整。而中职学生普遍自觉性不高，同时在学习方面又缺乏自信，容易放弃。因此，构建一套科学的信息化中职英语学习评价体系就显得尤为重要。将主客观评价相结合，引入多元化评价内容和评价主体的评价体系，能够及时准确地反映学生的学习状况、知识技能掌握程度，提高学生的学习能力，保证学生发展的可持续性。

参考文献

[1]ARTER J, MCTIGHE J. Scoring rubricsin the classroom[M]//国家基础教育
　　课程改革"促进教师发展与学生成长的评价研究"项目组.课堂教学评
　　分规则.北京：中国轻工业出版社，2005.

[2]BANGERT-KROWNS R L, KULIK C C, KULIK J A. Effects of classroom
　　testing[J]. Journal of educational research, 1991, 85(2): 56.

[3]GARDNER H.Intelligence reframed: Multiple intelligences for the 21st cen-
　　tury[M]. New York: Basic Books, 1999.

[4]HERMAN J L, ASCHBACHER P R, WINTERS L. A practical guide to al-
　　ternative assessment[R]. Alexandria, VA: Association for Supervision and
　　Curriculum Development, 1992.

[5]布鲁姆，等.教育评价[M].邱渊，译.上海：华东师范大学出版社，
　　1987.

[6]陈肖璐.基于就业服务导向的中职英语教学研究——以物流服务与管理
　　专业为例[J].职业，2016(3):115-116.

[7]邓道宣，赖蓉莎，江世勇.中职英语教师有效性培训的策略[J].职业技
　　术教育，2016，37(11):58-62.

[8]高丹夏.试论中职英语教学中学生职业能力的培养——以学前教育专业
　　为例[J].求知导刊，2016(7):119.

[9]何峰.深度探究：英语课程教学践行与反思[M].长春：东北师范大学出
　　版社，2011.

[10]焦中明，赖晓云.现代教育技术技能理论与实践[M].北京：中国科学
　　技术出版社，2007.

[11]兰国帅.现代教育技术理论建构与实践创新[M].北京：科学出版社，
　　2018.

[12]李芳.形成性评价的实施措施分析——档案袋评价的运用[J].考试周刊,2008(6):110-111.

[13]李建芬.中职英语教学评价体系的构建[J].广东教育(职教版),2010(7):33-34.

[14]李永杰.信息化英语教学模式探索[J].中国教育技术装备,2016(3):142-143.

[15]林晶."任务引领"的中职英语(基础模块)课程教学实施研究[J].职业技术,2017,16(4):88-89.

[16]刘晓荣.如何有效实施英语课堂教学评价[J].杂文月刊:教育世界,2016(3):69.

[17]卢雪霞.中职院校英语课程实践与多元化课堂教学方法研究[J].英语广场,2017(5):167-168.

[18]施良方,崔允漷.教学理论:课堂教学的原理、策略与研究[M].上海:华东师范大学出版社,1998.

[19]汪学峰.当前中职英语教学存在的主要问题与对策[J].中国科技教育(理论版),2011(6):51.

[20]王笃勤.真实性评价——从理论到实践[M].北京:外语教学与研究出版社,2007.

[21]王龙凤.立足英语新课程教学改革,培养学生跨文化交际能力[J].科学大众(科学教育),2015(11):125.

[22]吴学彪.小议中高职英语教学的衔接[J].才智,2009(15):142.

[23]夏洪文.教师信息技术基本技能[M].重庆:重庆大学出版社,2013.

[24]杨翠红.多媒体在中职英语教学中的应用[J].西部素质教育,2017,3(24):145-147.

[25]殷玉梅.中职英语教学中学生职业素养培养的思考与实践[J].职教通讯,2017(12):30-32.

[26]张永利.浅谈中职学校英语教学实行学分制评价机制[J].课程教育研究,2013(5):137.

[27]赵娜.关于中职英语教学情感因素的实证研究[J].卫生职业教育，2013，31(10):141-143.

[28]朱波纹.移动互联网环境下中职英语学习评价体系构建的探索[J].新课程研究，2017(5):104-105.